군대를 꼭 가야만 한다면

군대를 꼭

가야만
한다면

군대 갈 우리 아들,
내 남친을 위한 생존처세서

| 문형철 지음

bs
브레인스토어

대한민국에서 청년이 살아가기는 너무나 어렵다. 한창 푸르른 청춘에 21개월의 군 현역 복무(육군 기준)와 6년의 예비역 복무까지 8년이란 시간을 이른바 '나라를 위해' 군대에 내놓아야 한다. 민간 사회에 '열정페이'가 있다면 군대에는 '애국페이'가 있다. 열정페이가 열악한 근무 조건에도 불구하고 열정이란 미명 아래 사회 초년생들의 희생을 강요한다면, 애국페이는 애국이라는 거부하기 힘든 명분을 내세워 젊은 남성들의 희생을 강요한다. 이런 미명에 희생당하는 대한민국 청년들을 보면 가슴이 너무나 아프다.

게다가 2014년 국민들을 병역 공포로 몰아넣은 22사단 총기난사 사건과 윤 일병 구타사망 사건, 2015년 5월 내곡동 예비군 총기 사건이 발생했다. 전 국민이 북한의 위협보단 군인들의 손에 죽을 수도 있는 상황을 걱정해야 하는, 웃지 못할 상황에 놓인 것이다. 군대가 국민을 걱정하는 게 아니라 국민이 군대를 걱정해야 하는 이 상황을 어떻게 설명해야 할까? 그리고 군 입대를 앞두고 있거나 직업군인을 꿈꾸는 청년들에겐 어떻게 해야 안전한 군 생활을 할 수 있다고 말해줄 수 있을까? 군 생활을 잘하는 방법이나 성공적으로 진급하는 방법이 아니라 선임의 구타나 동료의 총에 맞아 죽지 않을 방법을 가르쳐줘야 할 판이다.

국방 관련 취재와 기사를 작성하는 나는 대한민국 예비역 육군 소령이자 군을 무척이나 사랑하는 '밀덕(밀리터리 오타쿠)'이다. 어릴 때는 동요가 아닌 군가를 불렀고 미술 시간에도 엄마, 아빠를 그리기보다 군인과 탱크를 그렸다. 군인과 군대를 사랑하는 유년 시절을 보내며 마냥 군인이라는 꿈을 향해 달려갔다. 그리고 제대 후에는 군을 취재하는 기자가 됐다.

이렇듯 '군바라기'인 내가 이 책을 쓰게 된 이유는 세 가지가 있다. 우선 군대에 다녀온 선배이자 기자로서 군의 여러 곳을 둘러보며 겪은 일과 그 안에서 벌어지는 성공과 실패를 병, 부사관, 장교로 입대할 후배들에게 바르게 전달해 건강한 군 생활을 하도록 돕기 위해 이 책을 썼다. 그리고 말단 간부로서 부하들과 함께하며 경험한 우리 군의 상황과 문제를 살펴보고자 한다. 군에 대한 애정은 그 누구에게도 못지 않다고 생각하는 만큼, 우리 군이 올바르게 나아가도록 성찰하고 비판하는 목소리가 필요하다는 생각이 들어서다.

마지막으로, 아무리 힘들기만 한 군 생활이라도 전혀 도움이 되지 않는 것은 아니다. 젊은 시절 누릴 기회에 비해 얻는 게 적긴 하지만 군 생활에서 얻을 것은 분명 있다. 그것이 무엇인지, 인생에 어떻게 활용해야 할지 조언하는 게 이 책의 목적이다.

이 책은 병, 부사관, 장교를 아우르는 군 생활 지침서다. 군이 더 건강해지고 군이란 조직에서 살아가는 청년 장병들이 건강히 생활하려면 군에 대한 무조건적인 긍정보단 현실적이고 구체적인 전달이 중요하다고 생각한다. 이 책에서 나는 다른 군 관련 책에서는 보지 못한 충격적인 사례들을 비롯해 재미있고 훈훈한 사례에 이르기까지 폭넓게 다뤄보고자 했다. 그리고 입대를 준비하는 이들을 위해 필요한 정보와 조언들을 빠짐없이 담으려고 노력했다. 이 책을 통해 대한민국의 청년 군인들이 모쪼록 건강한 군 생활을 할 수 있길 바란다.

2016년 1월

신림동 작업실에서

문형철

차례

6장 민간인으로 진급하다

7장 군 생활을 활용하라

1장

이왕 가는 군대, 실속 있게 가려면

+

장교, 부사관, 병, 무엇이 현명한 선택인가

+

대한민국은 세계에서 몇 안 되는 징병제 국가다. 그리고 입영한 장병들의 복지 수준도 상당히 낮다. 국가의 경제 규모와 사회의식, 장병들의 교육 수준을 깡그리 무시하며 획일적으로 대우한다. 높은 인적 인프라를 활용하지 않는 이상한 나라다.

징병제 이야기가 나온 김에 잠시 외국의 징병제 이야기를 하자면, 양차 세계대전에 참전한 경험이 있는 코스타리카는 군대를 보유하지 않고 경찰이 국경 경비를 담당한다. 아이슬란드는 NATO(북대서양조약기구)의 회원국이지만 군대를 보유하지 않는다. 이처럼 군대를 보유하지 않은 국가도 있지만, 세계 대부분의 국가들은 자국 국민의 생명과 재산을 지키기 위해 군대를 보유하고 있다.

군대를 유지하기 위해서는 군대의 근간이 되는 병력이 필수다. 병력을 확보하는 방법에는 자원자를 모집하는 모병제, 국민에게 국방의 의무를 부여해 징집하는 징집제가 있다. 우리나라 헌법은 모든 국민에게 병역의 의무가 있음을 명기하고 있다. 하지만 여성에게는 병역의 의무를 부과하지 않는다. 이 책의 대다수 독자들은 아마 20대 남성들일 것이다. 독자들의 입장에서 볼 때 여성만 징집에서 면제되는 데 대한 불만도 적지 않을 것이다. 더욱이 좁아진 취업문에서 21개월의 군 생활은 인생의 걸림돌이라고, 또는 국가가 청년들을 착취한다고 생각하는 사람도 적지 않을 것이다. 실제로 군대에서의 급료와 복지 혜택을 비롯해 전역 후 전직 지원 등은 너무나 열악하고 비현실적이기에 그렇게 생각하는 것도 무리는 아니다.

우리보다 국민소득이 낮은 이집트의 경우 의무복무병에게 이집트 최저임금 수준의 급료를 지급한다. 콜롬비아는 7만 페소(약 3만 5,000원) 정도의 낮은 급료를 지급하지만 국민소득(7,841달러)을 고려한다면 우리 군의 급료보다 낮다곤 할 수 없다. 거기에 군 복무 기간을 연금 납부 기간으로 인정해주고 있다. 우리 군의 의무 복무 기간은 병무청이 제시한 주요 국가의 평균 수준(2014년 기준)이지만 급료와 처우는 한마디로 꽝이다.

이런 이야기를 들으면 더 군대 가기가 싫어지고 군 면제자들이 미워질 것이다. 게다가 1970년대에는 입영 대상자의 약 50퍼센트가 현역으로 입대했지만 2010년 이후부터는 약 90퍼센트가 현역 자원으로 입대하고 있다. 북한의 위협으로 어쩔 수 없이 유지하는 징병제도와 점점 줄어드는 출산율 때문이다. 이런 대한민국의 슬픈 현실 때문에 요즘 20대 청년들에게 가중되는 부담은 점점 커지고 있다. 그렇다고 뺀질거리며 군대를 기피하는 돈 많고 빽 많은 일부 면제자들처럼 꼼수를 쓸 수도 없다. 대한민국은 여러분을 병역에서 자유롭게 놓아주지 않는 나라다. 그러면 대체 어떻게 해야 할까?

어쩔 수 없이 이왕 가는 군대라면 가장 실속 있게 가야 한다. 군대를 실속 있게 간다는 말에 어이없어 할 독자들이 많을 것 같은데, 군대도 분명 실속 있게 갈 수 있다. 돈도, 빽도 없는 청춘이라면 역으로 도전 정신을 발휘해 군에서 단물을 빨아내야 한다.

그러면 어떻게 군대에서 단물을 빨아먹을 수 있을 것인가? 우선 군에 입대하는 방법에는 신분으로 나누면 장교, 부사관, 병으로 가는 세 가지 형태가 있다. 어떤 신분으로 입대하든, 그 이유는 천차만별이겠지만 장교와 부사관의 경우 대개 어릴 때부터 군을 동경해왔거나 직업군인을 꿈꿔왔거나 경제적인 여건을 고려한 이들이 많다. 병의 경우는 복무 기간이 짧다는 점에서 선택하거나 간부에게 따르는 책임을 무겁게 여기는 청년들이 지원하곤 한다.

대한민국 남자라면 군 입대가 진로 선택만큼 중요하다. 요즘처럼 군 입대 지원자가 몰려들수록 신중히 고민해야 한다. 빨리 입대가 가능한 쪽보다 내게 맞는 신분과 보직이 무엇인지 잘 생각해야 한다.

어떻게 군대에 가야 할지 아직 결정하지 못한 10대, 20대 청년들에게 어느 쪽이 더 좋다고 단정해서 말하긴 힘들다. 하지만 각 신분별로 일장일단이 있는 건 확실하다. 군대에 오래 복무했던 경험자로서 나는 각각의 장단점을 잘 알고 있다고 자부한다. 내 이야기를 듣고 '그래, 내겐 저게 딱이야'라고 생각했다면 그 선택을 믿고 입대해도 좋을 것이다.

장교

장교는 '군대의 기간(基幹)'이라고 장교의 책무에 명기해둘 정도로 군에서 가장 중요한 신분이자 최상위 신분이다. 장교의 기강이 무너지면 국가가 무너진다고 할 정도로 강한 도덕성과 책임 의식이 뒤따르며, 여러 요소를 아우르는 전투 지휘와 정책을 입안하는 군대의 두뇌라 할 수 있다. 장교는 소위-중위-대위의 위관급과 소령-중령-대령의 영관급, 그리고 준장-소장-중장-대장의 장관급 장교로 이뤄져 있다. 장교가 되는 방법은 크게 네 가지가 있다.

》》 사관학교

가장 안정적으로 직업군인의 길을 걸을 수 있는 방법은 사관학교에 입학하는 것이다. 사관학교에 입학하는 순간 여러분은 땡전 한 푼 안 들이고 나랏돈으로 공부하고 먹고 자고 할 수 있다. 심지어는 학년별로 차등 지급되긴 하지만 적게는 20만 원에서 많게는 40만 원 정도

매달 품위유지비를 지급받는다. 그 외에도 우방국 사관학교와의 교환학생제도, 해외 탐방 등 다양한 특전이 뒤따른다. 육·해·공군 사관학교별로 차이는 있지만 육군사관학교 기준으로 생도 한 명이 입학해서 졸업할 때까지 국가가 지원하는 금액은 약 2억 5,000만 원 정도다. 경제적으로 여건이 어려운 학생들에겐 부담 없이 4년제 대학의 학위와 군 장교라는 안정적인 취업의 길도 보장받기에 상당히 매력 있는 제도라 할 수 있다.

생도 시절이 끝나고 소위로 임관한 시점에도 사관학교 출신자들에 대한 우대는 이어진다. 군대에서 직업군인으로 살아가기 위해 필요한 첫 관문은 장기복무자로 선정되는 것이다. 장기복무자는 10년간의 복무 기간을 보장한다. 사관학교 출신은 자동으로 장기복무자로 지정되고 5년차에 전역 기회까지 주어지지만 사관학교를 제외한 육군 3사관학교, 학군(ROTC), 학사의 경우 치열한 경쟁을 통해서만 장기복무자로 선정된다.

또한 10년간 의무 복무 중 5년차에 전역한다고 해서 교육 전반에 들어간 비용을 국가에 반환하진 않는다. 하지만 학군이나 학사를 지원하면서 군 장학금을 지원받는 경우는 의무 복무 기간에 장학금 수령 기간을 합산한 기간 동안 군 복무를 하도록 돼 있다. 도중에 장학금을 반납하고 의무 복무 기간만 복무하기를 희망해도 대부분 받아들여지질 않는다. 게다가 장학금을 반납할 때는 국정이자를 포함해서 반환해야 한다.

이런 여러 상황을 고려할 때 직업군인을 희망하는 청년들에게 사관학교는 단연 최고의 선택이라고 할 수 있다. 하지만 모든 것에는 장점이 있으면 단점도 있는 법이다. 사관학교의 단점은 우선 '3금제도'가 있다는 것이다. 금연, 금주, 금혼을 의미하는 3금제도는 원래 미국 사관학교에서 유래된 것으로, 청교도적 절제를 교육 이념으로 하는 미국 사관학교의 전통이 우리나라 사관학교에도 유입됐다. 그나마 금주와 금연은 건강을 위한 측면으로 볼 수도 있겠지만, 성년에게 성과 결혼의 자유를 제한한다는 건 시대에 뒤떨어지는 발상이다. 2014년에는 임관을 앞둔 4학년 생도가 결혼을 약속한 연인과 성관계를 맺은 게 문제가 돼 퇴교 처리된 적이 있었다.

이런 자율의지를 통제하고 금지하는 사관학교의 전근대적 교육 방식은 심각한 사고를 초래하기도 했다. 타이로 해외 시찰을 나간 생도들이 성매매를 하거나 후배 여생도를 집단 성폭행하는 등 시대에 맞지 않는 규율이 급기야 사고로 이어진 것이다. 자유롭고 다양한 매체를 접하며 살아온 신세대들에겐 전혀 걸맞지 않은 제도다. 물론 도덕성은 장교에게 가장 중요한 덕목이지만 그 또한 자율의지에 의해 지켜져야지, 강요돼서는 안 된다. 사관학교의 명예제도 역시 진정한 명예를 지키기보단 명예를 지키지 못한 동료를 보고해 하차하게 하는 불명예스러운 사건들을 종종 발생시킨다. 이런 점에서 사관학교는 젊은이들의 건강한 도덕성과 자유를 제한한다는 단점이 있다.

》》 육군 3사관학교

사관학교 다음으로 소개하려는 제도는 육군 3사관학교다. 육군의 경우 해군, 공군과 달리 3사관학교라는 2년제 사관학교를 운영하고 있는데 정식 교명은 '육군 제3사관학교'다.

3사관학교는 1968년 북한 특수전 부대의 1.21사태와 푸에블로 호 납북 사건 등 국내외 안보 상황이 위태롭던 시기에 정예 초급장교 양성을 목표로 1968년 11월 경상북도 영천에서 교육 기간 1년의 단기 사관학교로 문을 열었다. 1971년 1월에는 2년으로 교육 기간이 연장됐고 1972년 4월에 육군 제2사관학교를 흡수, 통합해 규모를 확장했다. 이후 1983~1995년까지 장교 양성 교육과 함께 장교 보수 교육으로 학사학위 교육을 실시했다가 1996년 2월에 생도 과정이 부활됐다.

현재는 일반 4년제 대학의 2학년 과정 이상 이수자와 2년제 대학 졸업자를 대상으로 생도들을 모집하고 있으며, 2015년부터는 사관학교, 학군, 학사와 마찬가지로 여성에게도 문을 개방했다. 전공 학과는 문과 계통으로 경영학과·경제학과·국제관계학과·군사사학과·상담심리학과·외국지역연구학과·행정학과가, 이과 계통으로 기계공학과·전자공학과·컴퓨터공학과·토목건축공학과·무기시스템학과·운영분석학과·화학환경과학과 등이 개설돼 있다.

3사관학교는 입학과 동시에 3, 4학년 과정을 거치게 돼 있다. 사관학교와 마찬가지로 국비로 교육 지원을 하는데, 지원 자격 연령은 만 19세 이상에서 25세 미만의 대한민국 국적을 가진 미혼 남녀에 한한다. 3, 4학년 과정의 2년 동안 제공되는 국비 지원과 특전은 사관학교와 거의 동일하며 군 장교로서의 입지도 높은 장교 교육 과정이다.

하지만 3사관학교는 교육 일정이 상당히 빡빡하다. 이미 일반 대학에서 2년간 일반학을 이수하고 온 생도들이지만, 다시 2년이라는 기간 동안 사관학교에서 실시하는 군사학 과목과 일반학 과목을 병행하려면 상당한 의지와 체력이 필요하다. 내가 야전에서 봐온 3사관학교 출신들은 이런 교육 기간을 거쳐 임관을 해서인지 강인한 성품을 지닌 이들이 많았다. 3사관학교에서 이수하는 일반학의 깊이가 사관학교나 일반 4년제 대학보다 얕다고 보는 의견도 많다. 거기에 사관학교처럼 보수적인 교육 사상이 바탕에 깔려 있어 역시 자유가 제한된다는 단점도 있다. 하지만 2년간 민간 교육의 경험을 바탕으로 군 장교가 될 수 있는 길이란 점은 큰 장점이기도 하다.

사관학교 과정 다음으로 장교가 되는 방법은 일반 4년제 대학의 대학생을 모집하는 학군(ROTC)과 학사장교 과정이 있다.

》》 학군장교(ROTC)

학군장교는 1961년 6월 1일 전국 16개 종합대학을 중심으로 학도군사훈련단이 설치돼 1963년 2월 20일 ROTC 1기로 2,642명이 임관했다. 3년이 의무 복무였던 당시 학군장교의 의무 복무는 2년으로, 짧은 복무 기간과 더불어 장교로서 리더십을 익힐 수 있어 청년들에게 매력 넘치는 제도였다. 1968년 이후 복무 기간이 2년에서 2년 4개월로 늘어났지만 여전히 장교로서는 최단기간 복무로 학군장교만 누리는 이점이다. 2010년 12월 1일부터는 숙명여대에 최초로 여자대학 학군단이 창설돼 일반 대학의 여학생도 지원이 가능해졌다.

학군장교는 대한민국 초급장교의 약 70퍼센트를 차지할 정도로 군

의 중추적 역할을 한다. 오랜 역
사와 전통만큼 사회 각지에 진출
한 저명인사도 많은, 인맥이 탄
탄한 장교 교육 과정이다. 학군
장교의 가장 큰 강점은 일반 대
학에서 다양한 전공과목을 선택
할 수 있고 자유로운 캠퍼스 생
활을 누리며 장교로 임관할 수
있다는 점이다. 또한 사관학교처
럼 딱딱한 3금제도가 없고 사관
후보생으로서 최소한의 품위 유
지를 위한 통제와 관리만 있으며
대학 생활은 전적으로 학생의 자
율에 맡긴다는 장점이 있다.

육·해·공군별로 약간의 차이는 있지만 장교가 되는
길은 사관학교, 육군 3사관학교, 학군장교(ROTC), 학
사장교가 있다. 각 과정에는 일장일단이 있으므로 자
기에게 맞는 선택을 해야 한다.

》》 학사장교

학사장교는 학군장교와 마찬가지로 4년제 대학을 졸업한 학사학위
소지자에 한해서 지원할 수 있다. 육·해·공군별로 따로 모집하며, 육
군의 경우 충북 괴산에 있는 육군학생군사학교에서 16주의 기초군사
훈련과 임관고사를 통과한 후 육군 소위로 임관한다(내가 육군 출신이라 경
험과 지식이 육군에 한정돼 있다는 점을 독자들이 너그러이 이해해주길 바란다). 의무 복
무 기간은 16주의 군사교육 기간을 제외하고 3년이다. 군사교육을 포

함해 40개월은 학군장교보다 긴 기간이지만 대학 생활 동안 군으로부터 통제와 간섭을 받지 않는다는 장점이 있다. 그리고 학군장교(후보생)는 방학 중에 기초군사훈련을 받고 학기 중에 군사학 수업을 이수해야 하지만, 학사장교는 대학 졸업 후 16주 훈련으로 임관이 가능하다.

쉽게 이야기하면 학군장교는 대학의 자유와 낭만을 아껴서 적금을 드는 것이고 학사장교는 일시불로 자유와 낭만의 대가를 지불하는 것이다. 이런 특징 때문에 학사장교가 학군장교의 임관 과정보다 좀 더 힘들다는 단점이 있다. 하지만 대학 생활의 완전한 자유가 보장된다.

학사장교의 또 다른 특징은 다양한 이력과 경력을 가진 자원들이 많다는 것이다. 해외 대학 학위자에서 대기업 근무 경험자, 교사에 이르기까지 다양한 인맥을 쌓을 수 있다는 매력이 있다. 지난 2014년 학사장교 임관식에서는 일본과 남아프리카공화국 등 외국 명문대 출신 소위들이 임관을 해 언론의 눈길을 끌기도 했다.

학사장교가 되기 위해서는 4년제 대학에 입학해 군장학생을 지원하거나 대학 졸업 후 학사장교 모집 시험에 응시하는 두 가지 방법이 있다. 군장학생의 경우 본인의 희망에 따라 학군장교로 편입도 가능하다. 군장학생으로 선발되면 선발된 시점부터 대학등록금 일체를 군으로부터 받는다. 또한 전국의 4년제 대학에는 군사학과가 개설돼 있어 이를 통해 학군장교와 학사장교로 임관이 가능하다.

앞서 설명한 네 개의 장교 과정 외에도, 전체 장교 중 소수이기는 하지만 전산, 경리, 어학 등 다양한 특기를 인정받아 장교로 임관하는 특수사관 과정과 대학 2년을 수학하고 병 또는 부사관에서 장교로 임

관하는 간부사관 과정도 있다. 특수사관과 간부사관 과정도 복무 기간
은 학사장교와 마찬가지로 3년이다.

부사관

부사관이란 하사, 중사, 상사, 원사의 계급을 아우르는 호칭이다. 장
교는 아니지만 군대의 허리와도 같은 간부들로서 전투에서 가장 중요
한 역할을 한다. '빵아저씨' 브래드 피트가 주연한 전쟁영화 〈퓨리〉에
서 '워 대디'라 불리는 부사관은 부하와 동료들에게 절대적인 믿음을
받는 전투 영웅이다. 1977년 개봉된 〈철십자훈장〉이란 영화에서는 독
일군 슈타이너 상사가 공명심에 눈이 먼 슈트란스키 장교를 대신해 위
기의 순간에 부하들을 구해낸다. 이렇듯 대개 전쟁영화에 등장하는 부
사관들은 경험이 부족한 초임 장교나 책상머리에서 손가락으로 지시
하는 무능한 장교들로부터 부하들을 지켜내는 초인적이고 가슴 따뜻
한 군인으로 묘사된다. 물론 영화를 위한 설정이지만 그 모두가 상상
인 것만은 아니다(실감나는 영화를 만들기 위해 영화감독들은 현실을 치밀하게 연구
한다). 즉, 영화 속 부사관의 모습은 실제로도 그런 부분이 많다.

2001년 이전까지 우리나라는 일본군 용어인 '하사관'을 사용해왔
다. 하지만 하사관이란 용어는 장교 아래에서 보좌하는 군인이란 의미
로, 간부로서의 위상을 세우기 위해 2001년 6월부터 부사관이란 명칭
을 사용하고 있다. 부사관은 단순히 장교의 아래 계급이 아니다. 장교
들이 갖지 못한 특화된 전문성을 지닌 군사 스페셜리스트들이며 장교

와 병을 이어주는 아주 중요한 역할을 한다.

부사관이 되는 방법은 군 복무 경험 유무에 따라 민간 지원과 현역 지원, 그리고 예비역 지원으로 나뉜다. 민간 지원은 병 복무 경험이 없는 고교 졸업 이상자가 부사관후보생으로 지원해서 21주의 양성 교육을 마치고 부사관으로 임관한다. 현역 지원은 일병에서 병장까지 복무하고 부사관후보생으로 12주 양성 교육을 받은 후 하사로 임관한다. 예비역 지원은 병장으로 제대한 지 2년 안에 부사관에 지원하는 것과 중사 이상으로 제대한 후 3년 안에 재입대를 하는 방법이 있다. 특전사의 특전부사관은 일반 부사관과 달리 15주의 양성 교육을 받는다.

부사관의 장점은 장교에 비해 근무지 이동이 적어 안정적인 군 생활을 할 수 있다는 것과 특정 분야의 실무에서 장교보다 더 원숙한 업무 기술을 익힐 수 있다는 장점이 있다. 하지만 장교의 의무 복무 기간이 3년인 데 비해 부사관은 4년(여군은 3년)을 복무해야 하고 한 부대에 오래 근무하면서 매너리즘에 빠지기 쉽다는 단점이 있다. 간부사관이나 3사관학교, 또는 4년제 대학 학사학위를 받고 학사장교로 임관해 장교로 신분이 전환될 수 있지만 정년 나이(계급별 나이상한선)에 걸려 진급이 제한된다는 단점이 있다.

병

일반적으로 사병 또는 병사라고 부르지만 다 올바르지 않은 표현이다. 영어의 'enlistee'라는 표현이 병사로 번역되는데 미군의 경우 부사관이 되려면 병장까지 복무를 마쳐야만 임관되기 때문에 병과 부사관을 아우르는 호칭으로 사용된다. 그리고 사병은 사조직의 병을 의미하기에 '국군'의 개념인 우리 군에는 적절치 않은 표현이다.

군에서 장교가 두뇌, 부사관이 허리라면 두뇌와 신경을 따라 활발하게 움직이는 팔과 다리는 병이라고 할 수 있다. 쉽게 말해 군대에서 가장 빠릿빠릿하게 움직이는 신분이다. 장교와 부사관은 단기 복무와 장기 복무의 구별 없이 직업으로서 합당한 급료를 받지만, 징집제인 우리나라의 이등병은 14만 8,000원, 일병은 16만 1,000원, 상병은 17만 8,000원, 병장은 19만 7,000원의 월급을 받는다(2016년 확정). 또한 많은 부대가 분대형 생활관 형태로 바뀌었지만, 징병제를 유지하고 있는 러시아, 이스라엘, 싱가포르와 비교할 때 우리 군에서 개인이 누릴 수 있는 공간은 협소하다. 간부(장교, 부사관)들에게 주어지는 면세 구매나 복지시설 이용도 거의 지원되지 않는다. 징병제와 국방의 의무라는 공익 때문에 열악한 처우와 환경 속에서 묵묵히 21개월을 채워나가야 하는 게 병의 현실이다.

그렇다 보니 청년들의 머릿속에는 군대가 청춘을 저당 잡히는 곳, 취업에 발목을 잡는 장애물로 인식될 수밖에 없다. 시대는 변하고 있는데 병에 대한 처우 개선은 조금도 변하지 않았다. 이승만 대통령 시절의 병 월급과 지금의 병 월급을 물가상승률을 고려해 따지면 이승만 대통령 시절이 더 높을 정도다. 게다가 1990년대부터 낮아진 출산율로 인해 군인에 징집되는 자원은 갈수록 부족해지고 있다. 1980년대 당시 징병 대상자의 70퍼센트 정도가 현역으로 입대했지만, 2014년에는 징병 대상자의 90퍼센트가 현역 입영 대상자 판정을 받았다.

내가 징집 대상이었던 시절을 떠올려보면, 과거보다 병약한 젊은이들까지도 현역 판정을 받고 있다. 2009년 전까지는 3급까지가 현역 입영 대상자였다. 하지만 2009년 이후부터 대학 재학 이상의 학력자들은 4급을 받고도 현역 대상자가 됐다. 앞으로 2022년까지 군 병력이 52만 2,000명으로 11만여 명이 감축되며 2026년에는 전군의 개편 작업이 완료될 전망이지만, 2014년 38만 명이었던 청년 인구는 2025년이 되면 22.2만 명으로 뚝 떨어질 것이다. 이런 추세를 볼 때 현역으로 군대에 가지 않을 방법은 없다고 봐야 한다. 아직 군대에 가지 않은 여러분에게는 더욱 실망스런 현실일 것이다. 든든한 배경과 재력이 없는 대다수의 청년들은 군대에 가야 한다. 그렇다면 이렇게 열악한 처우를 하는 군대를 그저 막연하게 가서는 안 된다.

아무리 힘들다는 군대라도 전부가 나쁜 것만은 아니다. 앞서 언급한 간부가 아닌 병으로 입대해도 얻어갈 것은 있다. 그리고 남들보다 더 좋은 조건으로 근무하는 방법도 있다. 병으로 입대하면 무엇보다 좋은 점은 짧은 복무 기간이다. 이 기간에 자신의 전공 또는 경력과 연관된 군 생활을 하고 나간다면 다른 그 누구보다 더 좋은 사회 진출의 발판을 다질 수 있다. 어떻게 병으로 입대하면서 실용적으로 입대할지는 다음에서 소개할 것이다. 핵심은 군 입대에 대한 생각을 미리 해두라는 것이다. 어떤 신분으로 갈지, 어떻게 군 경력을 사회 진출에 활용할지 미리 생각해두는 이들이 군대에서뿐 아니라 사회에서도 성공적인 삶을 마련할 수 있기 때문이다.

군대도
선택이 가능하다

+

앞서 장교, 부사관, 병으로 입대하는 길에 대해 이야기했다. 그리고 군 입대는 피할 수 없기에 자신의 인생을 위해 어떤 방법으로 입대를 할지 미리 고민해야 한다고도 이야기했다. 대한민국의 대다수 청년들은 아마 병으로 입대하는 방법을 찾을 것이다.

그렇다면 병으로 입대할 때 부사관이나 장교처럼 군에서 보직을 선택할 순 없는 걸까? 그냥 징집영장에 이끌려가야만 하는 걸까? 아니다. 병들도 학과 전공과 특기를 살려 보직을 선택할 수 있다. 나는 취재를 하면서 의외로 많은 주특기 보직이 존재한다는 것을 알게 됐다. 그리고 자신이 원하는 주특기를 선택해 입대한 병들이 그렇지 않은 병들보다 군 생활에 대한 만족도가 높다는 사실을 발견했다. 그들 대부분은 일찍부터 어떻게 입대할지를 고민했고 자신이 원하는 군 보직을 얻기 위해 부단히 노력했다. 최근에 발생한 군부대 내의 사고나 제대 군인들의 취업난은 그들과 거리가 먼 듯했다.

2015년 나는 수의병과 특집기사를 쓰기 위해 춘천에 있는 육군 제1군견교육대와 부평에 있는 제3식품검사대를 방문했다. 수의병과가 낯선 독자들이 많을 것 같은데, 간단히 이야기하면 군에서 필요로 하는 개와 말에 대한 교육과 관리, 군으로 납품되는 식품류에 대한 검사와 인수공통전염병(사람과 동물이 공동으로 감염된다)에 대한 방역 업무를 담당한다. 규모가 작아 잘 알려져 있지 않지만 폭넓은 업무를 맡아 하는 중요한 병과다.

수의병과 취재 중에 이색 경력을 지닌 몇몇 병사를 만날 수 있었다. 제1군견교육대의 A 병장은 미국에서 수의사 과정을 마치고 미국과 한국의 수의사 자격증을 가지고 있었다. 제3식품검사대의 B 상병은 치의대를 졸업하고 치과의사 자격을 가지고 있었다. 내가 가진 상식으로는 두 사람이 병으로 입대한 걸 이해할 수 없었다. 일반적으로는 수의장교나 군의관으로 임관해서 장교로 3년간 복무하거나 공중방역의 또는 공중보건의로 3년간 대체복무를 하는데 왜 병으로 입대를 했을까? 군견교육대 A 병장은 이렇게 말했다.

"장교로 가면 어느 정도 급료와 지위가 보장되지만 3년이란 복무 기간이 부담됐습니다. 저는 제대하면 미국으로 돌아갈 예정입니다. 미국 사회는 군 복무 경험을 높게 평가합니다. 제가 장교였든, 부사관이었든, 병이었든 계급은 크게 중요하지 않습니다. 한국처럼 군사 긴장도가 높은 곳의 군인이었다는 것과 전공 관련 군사특기를 수행했다는 걸로 충분합니다. 계급은 병이라서 간부들의 지도와 책임 아래 임무에 임하지만, 군견들의 수술에도 참가합니다. 군 생활로 제 경력이 중단되지 않았고 오히려 경력을 살렸다고 생각합니다."

제3식품검사대의 B 상병 역시 비슷한 이야기를 했다.

"저는 치의대를 다니다가 입대했습니다. 남들은 학업을 다 마치고 군의관이나 공중보건의로 가는 게 좋다고 이야기했지만, 3년이란 복무 기간은 21개월과 비교하면 상당한 차이가 납니다. 어차피 치러야 할 병역의 의무라면 짧고 치열하게 다녀와서 사회로 더 빨리 진출하는 게 좋겠다고 생각했습니다. 그래서 입대 전까지 제게 제일 적합한 군사특기가 무엇인지, 어떤 임무를 수행하는지 꼼꼼히 조사해 임상병리병으로 입대했습니다. 여기서 치의대에서 배우던 전문 지식을 활용하고 있습니다. 수의병과의 장병들(장교에서 병까지를 아우르는 말) 대부분이 지원자들입니다. 그래서 전문 지식도 풍부하고 병영 생활에 대한 만족도도 높습니다. 자신의 임무만 책임지고 완수하면 간섭도 적습니다. 물론 친구들이 '꿀 빤다(속어로 '쉽게 한다'는 뜻)'고 놀리기도 하지만요."

그는 군 생활에 매우 만족하는 듯했다. 물론 A 병장과 B 상병은 상당히 높은 학력을 지닌 경우라서 일반적이라고 말하기는 어렵다. 하지만 학력이 그리 높지 않아도 적성과 특기를 살려 갈 수 있는 길은 많다. 대부분의 청년들이 그런 사실을 잘 모르고 있거나 알고 있어도 입대 일정을 코앞에 두고서야 지원 결정을 하기 때문에 적성과 특기를 살리지 못한다.

한편 군견교육대의 C 상병은 입대 전 개를 너무나 좋아하는 평범한 대학생이었다.

"이왕 가는 군대라면 좋아하는 개들과 함께하고 싶었습니다. 하지만 주변 지인들 중에 군견병에 대해 아는 사람이 없어서 육군 홈페이지와 병무청 사이트를 매일 검색했습니다. 소수의 인원만 선발하다 보니 모집 시기도 불규칙했습니다. 하지만 오랜 노력 끝에 군견병이 됐고 지금은 만족스런 군 생활을 하고 있습니다."

수의병과의 군사특기는 비전투부대라 쉬워 보인다. 어쩌면 남자로서 각이 안 난다고 이야기하는 독자들도 있을 것이다. 그런 사람들을 위해 K 상병의 사례를 소개한다.

K 상병은 특전병을 지원했다. 특전병은 특전사에서 복무하는 병을 말하는데, 대부분 특전사라고 하면 어마무시한 낙하훈련과 특수전훈련을 떠올릴 것이다. 이런 곳에 차출(지정해서 데려가는 것)당하는 걸 생각하는 것만으로도 끔찍하다고 말하는 사람도 있을지 모른다. 하지만 이는 잘못된 선입견이다.

K 상병은 입대를 앞둔 1년 전부터 어느 부대를 가야 할지 고민이 많았다. 어머니와 여동생을 남겨두고 가는 게 맘에 걸렸던 그는 집에서 특전사 예하의 부대가 가깝고, 이곳 병들이 부사관 이상 간부들처럼 힘든 훈련을 받는 게 아니라 취사·운전·행정 등 비전투 임무를 수행한다는 사실을 알게 됐다. 물론 특전병이라도 공수교육(낙하산) 중 5회 낙하를 하는 기본공수훈련을 피해 갈 순 없다. 하지만 그 기간을 무사히 버티면 최전방 GOP보다 더 여유 있는 군 생활을 하면서도 전투

부대 복무를 자랑할 수 있는 이점이 있다.

입대 전 K 상병은 휴가나 외출을 나오는 특전병들과 마주칠 때마다 특전병 복무에 대해 틈틈이 물어봤다고 한다. 그의 어머니도 처음에는 특전병 지원을 반대했지만 최전방 부대보다 안전하고 여유 있으며 집과도 가깝다는 점에 설득됐다. 지금은 아들의 현명한 선택에 아주 만족스러워 하신다고 한다.

그러면 주특기 보직과 관련해 지원 가능한 제도는 무엇이 있는지 상세히 살펴보자. 눈 부릅뜨고 보시라.

다양한 지원입대제도

육·해·공군과 해병대는 각각 다양한 지원입대(모병)제도를 운영하고 있다. 해군은 일반기술병, 유급지원병, 동반입대병을, 공군은 일반기술병, 유급지원병, 전문화관리병을 모집한다. 해병대는 일반기술병과 유급지원병을 모집한다. 가장 병력 규모가 큰 육군은 총 11개의 모집 과정을 두고 있는데 자세한 것은 아래의 표와 각 모집 과정에 대한 설명을 참고하면 된다.

| 군에 따른 지원입대제도

육군	해군	공군	해병대
기술행정병	일반기술병	일반기술병	일반기술병
최전방수호병	유급지원병	유급지원병	유급지원병
맞춤특기병	동반입대병	전문화관리병	
유급지원병			

전문특기병
어학병
카투사
동반입대병(일반)
동반입대병(다문화)
직계가족복무부대병
연고지복무병

해군과 공군, 해병대는 철저하게 지원제로 모병하기 때문에 설명을 생략하고 여기서는 육군의 11개 모병 과정이 무엇인지 하나하나 살펴볼 것이다.

≫ 기술행정병

육군의 208개 군사특기에 대해 18세 이상 28세 이하의 신체등위 1~3급 현역 입영 대상자 중 자격이나 면허를 취득한 사람, 해당 전공 학과 전문계(실업계) 고교를 3년 이상 수료했거나 대학 1년 재학 이상인 지원자가 관련 특기로 지원하는 모집 제도다. 단, 중학교 졸업의 학력 자는 자격증 없이도 지원할 수 있다. 만일 자신이 소지한 자격이나 면허, 전공학과로 지원 가능한 군사특기를 찾고 싶다면 병무청 홈페이지에 들어가서 '모집 안내 서비스' → '지원 가능 분야' 검색 코너를 활용하면 손쉽게 확인할 수 있다.

이 모집 과정의 장점은 무엇보다 자신의 경력을 살릴 수 있다는 점이다. 실제로 일부 대학이나 기업에서는 군사특기를 학점과 경력으로 인정해주고 있다.

》》 최전방수호병

최전방수호병(GP, GOP 등 복무)은 육군 1, 3군 예하 전방사단 등 소총병으로 배치돼 전투·경계 근무 및 수색 정찰 등의 임무를 수행하는 병을 말한다. 전방에서 근무한다는 점 때문에 지원율이 떨어질 것으로 우려됐지만 7.8 대 1의 경쟁률을 기록해 언론의 관심을 받기도 했다.

원래는 18세 이상 28세 이하의 현역 입영 대상자 중 신장 165센티미터, 몸무게 60킬로그램 이상이면 누구나 지원 가능했다. 최근에는 중·고교 시절에 출석을 제대로 했는지, 봉사 활동을 했는지, 열악한 근무 환경 속에서도 근무할 의지가 있는지, 강인한 체력을 갖고 있는지 등을 기준으로 내세우고 있다. 특히 7월부터는 신체검사 1, 2급자만 지원할 수 있도록 강화됐다.

지원 자격이 까다롭고 격오지(본 부대에서 좀 떨어진 탄약고, 통신기지, 기상대 등 파견지를 말한다)에서 근무한다는 단점이 있지만 휴가 확대와 수당 인상 등의 혜택이 있다. 정기휴가 외에 월 1일 추가 제공했던 휴가 일수를 3일로 늘려 현재보다 휴가 일수를 18일 추가했고 근무 수당 역시 2배 인상한 것이다. 남들보다 휴가가 많을 뿐 아니라 최전방 근무라는 남자다운 군 경력을 희망하는 이들에게 딱 맞는 모병 과정이다.

》》 맞춤특기병

고졸 이하 입대 예정자가 군에 입대하기 전에 본인의 적성에 맞는 기술 교육을 받고 교육과 연계된 분야의 기술특기병으로 입영해 복무하는 모집 과정이다. 때문에 사회에 나가서도 안정적으로 취업할 수 있다는 장점이 있다. 입영 전 기술 교육을 받는 동안은 교육비(전액 또는 일부)를 지원받고 매월 40여 만 원 정도의 훈련 수당도 지급받는다. 기술 교육을 마친 사람은 취업 지원을 받을 수 있고 취업하게 되면 24세까지 현역병 입대를 연기할 수도 있다. 입대를 원할 경우는 원하는 시기와 부대에 특기로 입영할 수 있다.

군 복무 중에는 기술 훈련을 받은 분야에 기술특기병으로 복무하며 자격 취득, 기술 숙련이 가능하고 검정고시를 볼 수도 있다. 전역 후에는 전에 근무했던 업체로 복직하는 것도 보장되고 다양한 취업 정보와 지원을 받는다. 그리고 전역 후 3개월 내에 취업하면 근속 기간에 따라 취업성공수당(20만~100만 원)을 지급받는다. 이 모집 과정은 고등학교 졸업 후 진로를 고민하거나 직업교육 과정을 생각하는 청년들에게 적합하다.

》》 유급지원병

유급지원병은 육군의 자주포나 전차 같은 첨단 장비 운용 및 전투력을 발휘하는 전문 인력으로서 병으로 의무 복무 기간을 만료한 후 하사로 연장 복무하는 모집 과정이다. 하사 임관 후에는 일정 수준의 보수(월급 및 장려수당)를 받을 수 있다. 의무 복무 기간은 병 의무 복무 기간과 하사 복무 기간을 합해 3년이다. 부사관으로 지원하면 4년간 의무 복무를 해야 하지만 유급지원병은 1년 정도 짧게 복무하면서도 제대할 때 목돈을 마련해서 나갈 수 있다는 장점이 있다.

제대 후 대학 복학 자금을 마련하기 위해 아르바이트를 해야 한다면 차라리 간부로 복무했다는 경력과 목돈을 마련할 수 있는 유급지원병 과정이 더 나을 것이다.

》》 전문특기병

전문특기병은 육군에서 운용 중인 40개 군사특기와 관련된 자격 또는 면허를 소지하거나 관련 학과에 재학 중인 입대 예정자가 지원할 수 있는 모집 과정이다. 관련된 군사특기를 자세히 알고 싶다면 병무청 홈페이지의 모집 안내 서비스 → 지원 가능 분야 검색 코너를 활용하면 된다. 신앙심이 깊은 기독교, 천주교, 불교 신자라면 해당 종교의 군종병으로 지원하는 것도 좋다.

》》 어학병

영어, 중국어, 일본어, 러시아어, 아랍어, 프랑스어, 독일어, 스페인어 능통자들은 어학병 모집 과정에 지원해보는 것도 좋다. 어학병은 육군 대대급 이상 부대에서 전시 또는 평시에 어학 능력이 요구되는 직위에 보직된다. 적성도 맞지 않는 군사특기를 받을 바엔 차라리 이쪽이 훨씬 나을 것이다. 하지만 내가 군에 복무했던 시절을 떠올려보면 대대급 이하 부대에서 이 군사특기를 요구하는 곳은 거의 없다. 아마도 이 과정에 지원하는 입대 예정자는 작전병 같은 행정 업무를 하거나 해외 파병 시 통역병으로 활용될 가능성이 크다. 우리 군도 이제는 국제적으로 활동 범위를 넓히고 있으니 군 복무 동안에 해외 복무를 꿈꾸는 사람이 있다면 어학병 과정을 활용해보는 것도 나쁘지 않다.

》》카투사

카투사(Korean Augmentation to the United States Army, KATUSA)는 한국에 주둔한 미8군에 증강된 한국군 육군 요원(한국군지원단 소속)으로 한미연합 관련 임무를 수행한다. 혹자들은 카투사가 통역이나 행정 같은, 속칭 '꿀 빠는' 보직만 있다고 생각하는데 이는 큰 착각이다. 카투사 중에는 미군과 동일하게 부대 방어나 전투 임무를 수행하는 전투 직종도 있다.

특히 한국인은 미국인보다 작은 체구이기에 더욱 강한 체력을 요구한다. 물론 전투복을 비롯한 전투장구류(옷과 장비)는 미군으로부터 지급받는다. 미군의 최첨단 전투 장비를 사용할 기회도 많다. 미군들과 같이 근무하며 자유로우면서도 개인의 프로 의식을 요구하는 미군 문화를 배울 수 있는 장점도 있다. 영어에 능통하고 미국 문화와 유학을 꿈꾸는 입대 예정자나 첨단 무기에 관심이 많은 밀덕들에게는 좋은 경험이 될 것이다.

| 카투사 어학 자격 조건

구분	TOEIC	TEPS	TOEFL		G-TELP Level2	FLEX
			PBT	IBT		
성적	780	690	561	83	73	690

* 합격 조건이 아닌 지원 가능 기준.

》》동반입대병

동반입대병이란 가까운 친구 등 동료와 함께 입영해 훈련을 받고 같은 내무생활권 단위 부대로 배치돼 전역할 때까지 서로 의지하며 복무할 수 있는 모집 과정이다. 동반입대병제도는 일반 가정과 다문화 가정의 입영 대상을 나눠서 모집한다.

일반 가정 출신은 2명, 다문화 가정 출신은 2~3명을 모집한다. 이들은 1, 3군(강원과 경기) 지역 부대로 배정되고 상비사단 및 군, 군단직할 부대는 중·소대 단위까지 같은 부대로 배정받으며 향토 및 동원사단은 중·대대 단위까지 같은 부대로 배정받는다. 신병 교육 기간 동안에는 같은 생활관에 편성되고 자대 생활 동안에는 같은 생활관으로 편성되지 않지만 필요할 경우 사·여단장의 승인 아래 같은 생활관에 편성되는 게 허용된다.

일반 가정의 동반입대는 학교나 직장 등 확실한 친분 관계가 있어야만 지원이 가능하며 입대 시기를 앞당길 목적으로 허위 지원할 경우에는 불이익이 따른다. 다문화 가정의 동반입대는 아시아계 다문화 가정 자녀들 간 지원, 외관상 식별이 명백한 다문화 가정 자녀와 일반 가정 자녀 간 지원, 외관상 식별이 명백한 다문화 가정 자녀들 간에 지원이 가능하다.

홀로 군대 가기가 두렵거나 든든한 멘토가 필요한 입대 예정자라면 동반입대병 모집 과정에 지원해보는 것이 좋다.

》》 직계가족복무부대병

직계가족복무부대병 모집 과정은 조부, 외조부, 부모(형제자매 포함)가 복무한(또는 복무 중인) 부대(1, 3군 예하 35개 부대)에서 군 복무를 희망할 때 지원 입대하는 제도다. 가족이 같은 부대의 선후배가 돼 소속감과 동질감을 가질 수 있으며, 복무 부대를 직접 선택할 수 있는 기회가 제공된다. 하지만 부사관 이상 간부의 가족이 근무 중인 부대는 지원이 불가능하다. 또한 나이 차이가 많지 않은 형제들은 먼저 복무한 경험이 큰 도움이 될 수 있겠지만 나이 차가 많은 형제나 직계가족의 경험은 시대별로 바뀌는 군대 생활에 큰 도움이 되진 못할 것이다. 하지만 가족이 같은 부대 출신이라는 소속감을 가질 수 있는 장점이 있다. 부모와 형제의 자취를 느끼며 복무하는 것도 힘든 군 생활에 어느 정도 위안이 될 것이다.

》》 연고지복무병

강원, 경기 지역의 입대 예정자 중 자신의 연고지와 가까운 부대로 지원 입대할 수 있는 모집 과정이다. 희망하는 부대가 위치한 지역에 부모와 함께 주민등록이 돼 있거나 주민등록상 2년 이상 거주한 경력이 있다면 지원할 수 있다. 이 모집 과정은 익숙한 지역에서 복무함으로써 군 생활에 조기 적응하고 휴가, 외출, 외박 등이 편리하다는 장점이 있다. 하지만 지원 가능한 부대들이 대부분 전방 부대들이라 지원할 수 있는 입대 예정자들이 적다.

| 지원 가능 연고지 및 입영·복무 부대

1군(강원도) 예하 11개 시·군 15개 부대	3군(경기도) 예하 11개 시·군 24개 부대
2, 7, 11, 12, 15, 21, 22, 27 사단	1, 3, 5, 6, 8, 20, 25, 26, 28 사단
3, 102기갑여단	수도기계화보병사단
2, 3 포병여단	1, 5, 6, 7 포병여단
2, 3, 8 군단	1, 5, 6 공병여단
	1, 2, 5 기갑여단
	1, 5, 6, 7 군단

키보드 우리어
행정병령

군대의 눈과 귀
정보통신병령

개척자
공병령

철통방어
최전방
수색병령

병으로 입대하더라도 다양한 보직과 직능을 선택하는 것이 가능하다. 하지만 희소 보직을 희망한다면 장기간의 계획을 세워야 한다.

여기까지 읽은 독자들은 아마 이 많은 지원 과정에 머릿속이 복잡할 것이다. 원래 선택의 폭이 클수록 고민도 더 많은 법이다. 어떤 것이 최고라고 이야기할 순 없다. 내가 하는 한마디가 여러분의 인생에 큰 영향을 끼칠 것이기 때문이다. 하지만 확실한 것은 흔히 말하는 '신의 보직', '신의 군사특기'는 존재하지 않는다는 점이다. 뭐든 장점이 있으면 단점이 있다.

입대 지원 과정과 관련해 내가 경험했던 에피소드 하나를 풀어놓을까 한다. 마포에서 내가 다니던 잡지사는 규모가 작고 영세했다. 말이 언론사지, 언론의 화려함이 전혀 없는 오랜 고서점 같은 느낌이 드는 곳이었다(지금은 시청역 부근에 있지만 분위기는 마찬가지다). 그런 곳에 유명 언론사의 차장급 고참 기자가 날 만나고 싶다고 찾아왔다.

그가 나를 찾아온 이유인즉슨, 요즘 취업이 정말 어렵다 보니 군 입대를 청년실업 탈출구로 제시하는 기사를 쓰고자 한다는 것이었다. 하사 이상 간부로 근무하면 공무원 월급을 받으며 안정적인 직업도 가질 수 있고, 최근 군 간부 지원 인터넷 강의와 학원들도 인기가 많고 대학에서도 군사학과를 많이 두고 있지 않느냐며 그는 내게 도움을 요청했다. 예비역 소령 출신에 군사학과를 잘 알지 않느냐, 주말특별판에 전면기사로 '군대로 취업하기'라는 특별기사를 기재하려고 한다, 군대는 지원자 많아 좋고 사회는 청년실업 해결하니 좋지 않으냐는 것이었다. 나는 그에게 버럭 화를 냈다. 나 같은 병아리 기자가 대선배에게 화를 내는 건 이쪽 세계에선 아주 드문 일이다.

내가 화를 낸 이유는 군대를 상업 목적으로 이용해서는 안 되며, 앞길이 창창한 청년들에게 군대를 현실의 도피처로 생각하게 해서는 안 되기 때문이었다. 언론이라면 당장 눈앞의 특종보다 미래를 생각하며 사실을 알려야 하는데 그 기자와 그의 회사는 전혀 그런 사상이 없어 보였다.

난 장교로 군 복무를 했다. 국가와 시민을 위해 헌신하는 군인으로 폼 나게 살고 싶었고 멋진 군복과 무기들을 접할 수 있다는 밀덕의 로망에 장교의 길을 선택했다. 하지만 현실은 기성세대가 알려준 것과는 너무나 달랐다. 군대를 사랑했지만 결국 군대를 떠날 수밖에 없었다. 군인은 사명감과 명예로 살아갈 뿐 높은 급료와 혜택, 안정적인 직장과는 거리가 먼 직업이다. 물론 군인도 사회의 일원으로서 돈과 안정적인 직장이 중요하다. 하지만 하사 이상 군 간부들은 대부분 단기 복무나 복무 연장 근무(최대 7년)만 하고 제대한다. 그나마 장기 복무로 선발된 군인들도 일정 기간 또는 일정 나이 안에 진급하지 못하면 본인의 의사와 상관없이 제대를 해야 한다.

1997년 내가 대학 군장학생을 지원할 때 봤던 팸플릿에는 지원자 전원이 군에서 안정적인 삶을 누리고 면세 혜택과 해외 유학 같은 특전이 주어지는 것처럼 보였다. 하지만 실상은 달랐다. 일부 특정 출신자들에게만 그런 기회와 특전들이 편중됐고, 야전에서 고생하는 일선의 간부들에게는 무조건적인 맹종만 요구했다. 자기의 몸조차 관리 못할 정도로 국가와 군에 충성하고서도 아무 보상 없이 군대를 떠나야 하는 이들이 많았다.

특히 부사관들의 경우는 장교들보다 열악했다. 실제로 군에서 부사관들의 사건 사고가 많은 건 사실이지만, 부사관 전반을 간부보다는 관리해야 할 대상으로 보는 지휘관들이 많았고 제대로 된 간부 대우도 받지 못하는 경우가 많았다. 그나마 10여 년 정도 복무한 후에야 간부 대우를 받는 게 대다수였다. 참신하고 젊은 부사관들은 대개 이런 복무 환경이 싫어 일찍 군문을 떠나는 경우가 많았다.

물론 병들은 더욱 심각하다. 말도 안 되는 급료와 처우 속에 애국페이를 강요받는다. 2002년 여름, 태풍이 몰아쳐 전방 철책이 무너졌다. 긴급 복구를 위해 소대원들과 함께 파견을 갔는데 중대장은 안락한 독방에서 통신병의 연락을 받으며 극진한 대우를 누린 반면, 소대원들은 쥐가 돌아다니는 축축한 취사장 바닥에서 잠을 자야 했다. 그때부터 나는 군대와 군인에 대한 생각이 바뀌었다. 장교, 부사관, 병 모두 순수한 마음으로 성실하게 근무하는 이들에게는 희생을 강요하고 요령을 부리는 자들에게는 혜택이 주어졌다. 그런 현실을 보며 군 생활은 남에게 피해를 줘서도 안 되지만 내가 피해를 받아서도 안 된다는 생각이 들었다.

여러분도 마찬가지다. 절대로 누군가에게 피해를 줘서도 안 되고, 누군가에게 피해를 당해서도 안 된다. 군대를 훌륭히 마치고 나와도 사회는 냉혹하다. 거기에 대한 대비도 해야 한다. 하지만 기성세대의 선배들은 그런 이야기를 해주지 않는다. 한 푼짜리 싸구려 동정심만 보낼 뿐이다. 일본 유학 중에 불법행위로 강제추방을 당한 장교 후배, 그리고 제대 후 생활고를 견디지 못해 자살한 동기생을 보고 다시금 느낀다. 누군가는 후배들에게 군대 전반을 이야기해줘야 한다고 말이다.

약점에 기죽지 말고 강점을 어필하라

+

얼마 전 일이다. 기사를 작성하려고 인터넷에서 허우적거리다가 한 온라인 커뮤니티 게시판에 '육군 4대 꿀보직'이란 제목으로 여러 장의 사진이 게재된 것을 봤다. 공개된 사진에는 군인들이 총을 메고 뛰는 장면, 힘들게 일하고 있는 장면 등이 담겨 있었다. 글을 게재한 작성자는 육군 4대 꿀보직으로 '155밀리미터 야포', '81밀리미터 박격포', '90밀리미터 무반동포', '장간교(길게 연결하는 다리) 조립' 이렇게 네 개의 보직을 꼽았다.

그런데 이 보직들은 사실은 매우 고되고 힘든 보직이다. 하지만 작성자는 "예비역들 사이에서 위의 네 개 보직 나오면 군대 나왔다고 쳐주지도 않는다. 아무쪼록 미필 여러분들은 희망 보직을 작성할 때 필히 이 네 가지 중 하나를 반드시 기재해서 군 생활 편하게 하시길 바랍니다. 민방위 9년차 올림(6년간의 예비군이 끝나면 민방위로 전환됨)"이라고 글을 올려서 나를 비롯해 군대를 다녀온 동료 기자들의 입에서 웃음이 빵빵 터지게 했다. 입대 예정자들이 이 게시물을 얼마나 믿을지는 모르겠지만, 내가 스무 살이었을 때의 한 장면이 떠올랐다.

장교를 꿈꿨던 나는 군대를 다녀온 예비역 선배들을 만나면 지겹도록 쫓아다니며 군대 이야기를 듣고 싶어 했고, 그러면 그들은 모두 그 게시글 작성자와 같은 이야기들을 하며 겁주기 일쑤였다. 그리고 마지막 말은 한결같이 "갔다 와서 이야기해라"였다.

입대 예정자 대부분은 군에 대한 두려움이 있다. 체력적으로 얼마나 힘들지, 정신적으로 얼마나 고달플지 걱정이 이만저만이 아닐 것이다. 게다가 선배들의 군대 이야기는 그런 걱정을 증폭시킨다. 하지만 그 모두가 쓸데없는 걱정일 뿐이다. 먼저 군대를 다녀온 선배인 내가 경험한 이야기를 잘 듣고 유용하게 써먹길 바란다. 군대에 가서 내가 잘할 수 있을지 걱정하거나 나의 약점을 생각하기보단, 내가 무엇을 해야 하고 나의 강점은 무엇인지를 먼저 생각해야 한다.

125킬로그램의 저질 체력 후보생, 말발로 승부하다

대학 4학년 때 나는 학생회(동아리연합회) 활동으로 바빴다. 남들은 취업 준비로 바빴지만 내겐 군대라는 든든한 취업 예정처가 있었기에 학생회 간부 활동을 핑계로 여러 곳을 돌아다니며 술을 퍼마시는 게 일과였다. 그래서였을까, 그렇지 않아도 90킬로그램이었던 체중이 입대 직전에는 125킬로그램까지 불어났다.

그나마 대학 생활 중 유일하게 즐겼던 검도도 1년 이상 하지 않았다. 불어난 몸과 떨어진 체력이 걱정되기 시작했다. 당시 선배들 중 일부는 3사관학교에서 학사사관(장교)후보생 교육 중에 다쳐서 귀가 조치를 당하는 사람들도 있었다. 그러나 초긍정주의자였던 나는 그걸 보고서도 운동을 시작하지 않고 술자리만 쫓아다녔다. 심지어는 학사장교 총동문회 주관 행사에 입교도 하지 않은 내가 참석하기도 했고, 그 오지랖으로 군장학생(예비학사후보생) 모임도 다른 친구들과 함께 주관하기도 했다. 몸은 비대해지는데 입은 다이어트가 돼가고 있었다. 그리고 2001년 4월, 대학 동기들 중 학사사관후보생으로 3사관학교에 입교할 동기 20명과 함께 구포역에서 동대구역으로 향했고 동대구역에서 이틀간 입교 파티를 열고 술을 잔뜩 퍼붓고 들어갔다.

입교 첫날, 차렷 자세를 하면 삽자루처럼 보인다고 해서 '삽자루'라고 불렸던 훈육장교(대위)가 급기야 날 보고 한마디 했다.

"어이, 불량품! 너같이 뚱뚱한 불량품은 내 군 생활을 통틀어 처음 본다. 만날 술이나 마시는 너 같은 지방덩어리는 내가 인자한 맘으로 최대한 빨리 사회로 반품시켜줄 테다."

첫날이라 바짝 긴장할 대로 긴장해서 그 말이 더 무섭게 느껴졌다. 속으로 내 사관후보생 과정이 꼬일 대로 꼬였다고 생각했다.

초도지급받은 야전상의(전투복 위에 걸치는 군용 재킷)는 방한내피(일명 '깔깔이'라고 하는, 솜으로 누벼진 옷)를 입고서는 지퍼가 잠기질 않았다. 거기에 수시로 집합이 많아 집합이 걸릴 때마다 제대로 군복도 못 입은 채 뒤뚱거리며 뛰어나갔다. 나름대로는 총알같이 나갔다고 생각했는데 매번 꼴찌였고, 덕분에 내가 속한 분대나 소대는 항상 삽자루에게 특수체력훈련을 받아야 했다.

가입교 후 3일 동안 이런 일이 반복되다 보니 동기들도 슬금슬금 나를 피하기 시작했고 심지어는 삽자루보다 너 무섭게 질책하기도 했다. 교관보다 동기가 더 무서운 상황이었다. 한 동기는 이렇게 말했다.

"야, 너 밖에서는 말도 잘하고 추진력도 있고 좋았는데 여기서 왜 이래? 넌 군대랑 맞지 않나 보다. 친구로서 하는 말이야. 주변인들도 힘들고 너도 힘들어. 퇴교 신청해."

하지만 이제 겨우 3일차였다. 여기서 물러서면 너무 빠르단 생각도 들었고 그동안 나태했던 나 자신을 벌주기 위해서라도 포기할 순 없었다.

3일간의 가입교 기간이 끝나고 후보생 중대별로 자치위원을 선출하게 됐다. 사관후보생들은 임관 후 부하를 지휘해야 하기 때문에 양성 과정에서 제한적으로나마 자치를 보장받는다. 하지만 스물네 살의 청년들은 아직 남의 앞에 나서거나 리더십을 발휘한 경험이 적은 터라 누구도 선뜻 나서지 않았다. 그때 내가 손을 번쩍 들었다.

"제가 하겠습니다. 매번 민폐만 끼쳤는데 이번엔 제가 동기들에게 헌신하겠습니다. 체력은 약해도 자치회 간부 경력도 많고 말도 잘합니다. 시켜주십시오."

주변이 웅성이기 시작했다. "저런 뚱뚱보가?" "무슨 자신감이람?"

후보생들의 시선이 집중됐다. 결국 나
는 중대자치위원 대표 후보로 올랐다.
100여 명 이상이 모여든 단상에서 나
는 내 전매특허인 '말발'로 승부했다.
나는 동기생들에게 민폐만 끼치는 불
량품이 아니라고, 이젠 내가 여러분을
돕겠다고 출사의 변을 늘어놓았다.

다행히 입대 전부터 날 알고 지내
던 동기들의 지원 덕분에 2위로 중대
명예위원으로 선정됐다. 난 나의 강점

사람들은 자신의 단점을 지적받으면 장점을
잊고 만다. '내가 이런 게 약하니 여기에 가면
안 돼'가 아니라 '내가 이런 걸 잘하니 여길
가야해'라는 마음가짐이 중요하다.

을 잘 알았다. 약점에 전전긍긍하기보다 강점을 내세워야 문제를 극복
할 수 있다는 사실도 잘 알고 있었다. 훈련 중에는 늘 뒤처졌지만 그때
마다 체력이 강한 동기들이 도와주었고, 난 그들의 입장을 대신 항변
해주거나 군사학 수업 때 그들을 도왔다. 나를 불량품이라고 부르던
삽자루 훈육장교도 어느새 불량품 대신 '말발 100단'이라고 부르기 시
작했다. 위태위태했던 사관후보생 과정을 내 강점인 말발과 자신감으
로 극복했다. 그리고 2001년 6월 말 소위로 임관했을 때 내 몸무게는
80킬로그램이었고 삽자루 훈육장교와는 아직도 연락을 하고 있다.

나중에 삽자루 훈육장교는 내가 12주 교육 동안 최고 다이어트 기
록이라고 말했다. 뒤에도 이야기하겠지만 이 기록은 후배들에게 전설
로 전해졌다고 한다.

약골인 듯 약골 아닌 훈련병

앞의 이야기를 들은 사람들은 대부분 "네가 장교니까 그렇지, 일반병은 그렇지 않아"라고 말한다. 또는 "특정 사례로 일반화하지 마"라고 하기도 한다. 하지만 자신의 강점을 잘 알고 약점을 강점으로 극복한 사례는 신병교육대에서 근무할 때도 심심찮게 볼 수 있었다.

2003년 최전방 근무를 마치고 사단신병교육대로 근무지를 옮겼다. 그곳에서 내 임무는 분대장이 될 병들에게 분대장 교육을 하는 것과 본부중대장으로서 부대 시설을 관리하고 부대 경비를 지휘하는 것이었다. 직접적으로 신병을 교육하거나 훈련시키는 교관은 아니었지만 신병교육중대에 교관이 부족할 때는 지원교관으로 교육 지원을 나가기도 했다.

그런데 교육 지원을 나가서 느낀 건 군대는 '백화점' 같은 곳이란 것이다. 사람을 물건에 비유하는 건 적절치 않지만 전국 8도에서 정말로 다양한 청년들이 몰려든다. 짧은 머리에 전투복 차림이라 얼핏 보면 그 사람이 그 사람 같아 보이지만, 여러 명의 부하들을 지휘하거나 여러 기수를 교육시키는 간부들의 눈에는 각자의 개성이 눈에 띄기 마련이다. 그중에서도 자신의 강점으로 군 생활에 슬기롭게 대처했던 한 신병에 대해 이야기해볼까 한다.

내가 근무하던 신병교육대에는 여군 동기생을 포함해 세 명의 동기생들이 같이 근무했다. 세 명 모두 성이 조씨라서 신병교육대에서 '조트리오'라고 불렸다. 한 부대에서 신임 장교가 동기를 세 명이나 만

나기란 쉽지 않다. 그중 두 명은 신병교육중대의 교관이었고, 한 명은 신교대 내의 보충대 소대장이었다.

분대장교육과 본부중대장을 맡았던 나와 다르게 세 명의 조 중위들은 신병을 면담하고 관리하는 업무를 담당했는데, 일과가 끝나면 자리에 모여서 특이한 신병들에 대한 이야기를 해주곤 했다. 예를 들면 제대하고 싶어서 동성애자 흉내를 내는 신병, 에이즈에 감염된 것 같다고 거짓말을 하는 신병, 지나치게 조용한데 알고 보면 조폭 출신에 조직을 떠나고 싶어 입대한 신병(전과 기록이 없었다) 등 한 명 한 명이 무슨 드라마나 시트콤에서 나올 것 같은 인물들이었다.

그중 아직도 기억에 남는 신병 이야기가 있다. 그 신병은 입대 전 신검은 2급으로 현역 판정을 받았지만 몸이 너무나도 왜소하고 목소리도 여성스러워 어떻게 입대했을까 생각될 정도였다고 한다. 실제로도 체력이 많이 약해서 훈련 때마다 뒤처지는 일이 많았고 동기생들은 항상 그 신병을 걱정했다. 그런데 이 신병이 뒤처질 때마다 여러 신병들이 항상 그를 도왔다. 아무리 동기를 내 몸처럼 아끼라고 교육하는 군대지만, 핵가족 사회에서 자란 신병들이 자신도 힘든데 타인을 돕는다는 건 절대 쉽지 않은 행동이다. 그래서 조 중위의 눈에 띈 것이다. 나 역시 그 이유가 궁금해 물어봤더니 그 신병을 관리하는 훈련부사관(훈련교관을 위해 선발된 전문 부사관)은 이렇게 말했다.

"장교 교관님들이 걱정 많이 하시는데, 전혀 걱정 마십시오. 그 녀석, 생긴 거랑 다르게 요물입니다. 하하하. 몸도 약하고 체력도 떨어지는데 주변에는 항상 사람이 많습니다. 입대하기 전에 대학생 모의주식

투자대회에서 입상할 정도로 머리가 비상합니다. 그래서 머리 나쁜 녀석들이 이것저것 물어보면서 그 녀석을 항상 도와준답니다."

이야기를 듣고 나니 그 신병이 어느 정도로 머리가 비상한지 궁금해졌다. 그래서 교육 지원을 나간 날 그를 따로 불러서 질문했다.

"어이, ×××번 훈련병. 너 그렇게 머리가 비상하다며? 내가 테니스장 관리 때문에 머리가 아프다. 고운 모래를 구해다가 테니스장에 뿌리고 소금물을 부어야 하는데 일손도 없고 장비도 없다. 예산은 더 없고. 너라면 어떻게 하겠냐?"

그러자 그 신병은 이렇게 말했다.

"×××번 훈련병, 질문에 답변하겠습니다. 신병교육대대 훈련병 전체에게 생활관의 방충망을 뜯어 거기에 모래를 치면 단시간에 고운 모래를 다량으로 확보할 수 있습니다. 소금물은 잔반수거를 하시는 분께 부대 앞 해변에서 바닷물을 퍼달라고 하면 쉽게 만들 수 있을 겁니다. 아울러 작업량 달성을 위해 고운 모래를 짧은 시간 내에 많이 확보한 훈련병에게 전화 사용(훈련병은 전화를 사용할 수 없다)을 교관님 재량으로 포상하시면 더 좋을 것 같습니다."

머리에서 종소리가 땡 하고 울렸다. 돈 한 푼 들이지 않고 테니스장 보수 작업을 할 수 있는 묘책이었다. 어떻게 훈련병이 그런 묘책을 낼 수 있냐고 묻자 그는 "잔반수거를 도우면서 잔반수거 아저씨의 고무통과 차량이 떠올랐습니다. 그리고 테니스장 작업을 몇 번 본 적이 있는데 제 동기들이 '저거 돕고 전화 한 통 했으면······'이라고 이야기하는 걸 들었습니다"라고 답했다.

말단 신병의 묘안이라고 믿어지는가? 쉽게 믿어지진 않겠지만, 아무튼 그 신병은 뛰어난 관찰력과 경청하는 자세가 강점이었다. 그는 자신의 강점을 군 생활에 적절하게 잘 써먹고 있었던 것이다. 나와 그 신병에겐 공통점이 있었다. 자신의 약점에 기죽지 않고 강점을 어필했다는 점이다. 대부분의 사람들은 자신의 강점을 잘 모르거나 알아도 자신 있게 어필하지 못한다. 아마도 개인보다 단체를 강조하는 우리 사회의 교육 풍토 때문일 것이다. 게다가 군대는 무조건 윗사람의 눈치를 보고 충성하는 모습을 보여야 한다는 선입견이 있다. 하지만 군대도 사람이 사는 곳이다. 자신이 속한 조직의 상하 질서와 분위기를 파악하는 동시에 나의 강점을 타인을 돕는 데 쓰겠다는 마음을 강하게 어필하면 나를 돕는 사람들이 나타난다.

입대 전 청년들에게 나는 말한다. 지나치게 겁먹지 마라. 입대 전 내가 어떤 사람인지, 어떤 강점이 있는지 충분히 생각하고 자신감을 가져라. 설령 그것이 틀렸다고 한들 당신의 의지와 열정에는 박수를 칠 것이다. 군대, 절대 겁먹지 마라.

군 생활은 순간,
내 인생은 평생

＋

군 생활 21개월, 길다고 생각하면 길고 짧다고 생각하면 짧은 기간
이다. 돌이켜보면 나도 6년간 군 복무를 어떻게 했는지 신기하단 생각
이 든다. 물론 난 장교로 지원했고 직업군인으로 급료와 대우를 받고
복무했지만, 6년이란 시간 동안 아찔하게 위험했던 순간도 많았고 당
장 나가고 싶은 생각이 들 정도로 서럽고 울화가 치미는 일도 많았다.
장기복무자 선발에서 떨어지고, 상관들의 별의별 해괴한 지시를 따라
야 할 때면 이 지긋지긋한 생활을 언제 끝내나 하는 생각이 머릿속에
서 떠나지 않았다.

하지만 그래도 국방부 시계는 잘 돌아갔다. 먼저 제대한 동기생들
의 사회 진출 소식이나 부하들의 소식을 들으면서 느꼈던 건 '군대는

지나쳐가는 과정'이라는 것이었다. 짜증 내고 요령을 피워도 할 일은 해야 하고 그런 일이 지나면 틈틈이 여유롭게 쉬어가는 날들이 찾아왔다. 간혹 군대의 높으신 분들이 '병영 생활 지침서'라고 쓴 책들의 내용을 읽어보면 군대는 겁나게 충성하고 겁나게 복종해야 하는, 아주 숭고한 조직인 것처럼 보인다. 하지만 대부분의 청년 군인들은 영원히 군에 남을 사람들도 아니고, 그렇다고 해도 군대가 그들의 노력과 헌신을 100퍼센트 보상해주진 않는다.

내 주변에는 아직도 길게 군 복무를 이어가는 지인들이 많다. 내가 군대에 대해 건전한 비판을 할 때 그들은 자신의 조직 논리만 생각한다. 군인들이 고생하는 것은 분명하지만 흔히 생각하듯 무결점의 완벽한 인간은 아니다. 그냥 자연인의 일부다. 그들도 언젠가는 군대를 떠나야 한다. 하지만 직업군인들 대다수는 마치 평생 군인으로 살 것처럼 사고한다.

반대로, 병으로 입대하는 청년들은 어떨까? 이들은 언제 제대할까라는 생각만 머릿속에 꽉 차 있다. 하지만 군대의 교육은 마치 평생 군에 근무해야 할 것 같은 인상을 준다. 이런 느낌은 군 생활을 더 지루하게, 더 짜증나게 만든다. 이는 선임이 돼 후

군 생활은 힘들다. 매일매일 잡아먹을 듯 괴롭히는 고참과 간부들이 있고, 탈영이나 자살을 생각할 정도로 괴로운 날들도 있지만 한순간일 뿐이다. 고향의 부모님 또는 자신이 정말 갈망하고 좋아하는 것들을 떠올리며 참아라.

임들에게 자신의 후임병 시절을 거들먹거리며 괴롭히는 악재로 작용한다. 난 이런 현상들이 사실 애국페이(애국심을 들어 희생을 강요하고 군인임을 강요하는 것) 탓이라고 생각한다.

징병제 국가에서 군대는 피해 갈 수 없는 성장 과정이다. 여기서 생기는 성장통은 타인을 배려하고 사회에 공헌한다는 생각으로 극복해야 한다. 애국페이는 나쁘지만 그렇다고 소중한 시간들을 흘려보낼 수는 없지 않은가? 그리고 남을 배려하지 않는 군 생활은 사건 사고로 이어지고 부메랑이 돼 자신의 머리에 박힐 것이다. 21개월의 군 생활은 절대 영원하지 않다. 또한 국가로부터 보상이나 기대도 받을 수 없다. 단지 누구나 겪는 성장통이라고 생각하길 바란다.

자살이 하고 싶다면 제대하고 하라

제목이 끔찍하긴 하지만 살다 보면 한 번쯤은 자살이라는 걸 생각해볼 것이다. 많은 이들이 군대에서 벌어지는 가혹 행위나 사건 사고들을 뉴스로 접하거나 군대 간 친구들에게 이야기를 듣곤 한다. 그런 이야기를 들으면 군대에 더 가고 싶지 않아졌다든가, 자기도 군에서 자살을 시도하진 않을까 하는 엉뚱한 생각이 들지 모른다. 아니, 더 정확히 말하면 군인들은 복무 중에 겪을 수 있는 가정 문제, 연인 문제, 군 생활 문제로 자살 시도를 하곤 한다.

부끄러운 이야기지만 나도 군에서 여러 번 자살을 생각한 적이 있었고 미수로 그치긴 했지만 시도해본 적이 있다. 편한 간부가 얼마나 정신이 나약하면 그런 부끄러운 짓을 했느냐고 손가락질할 사람들도 있겠지만, 신분을 떠나 모두에게 똑같이 괴로운 게 군 생활이다. 병은 병으로서의 고충, 부사관은 부사관으로서의 고충이 있기 마련이다. 다시 말해 군 생활에서 자살을 생각하는 것은 누구나 같다는 이야기다.

소대장 시절, 나는 내가 모시던 중대장 때문에 수차례 자살을 생각한 적이 있다. 지금 생각하면 그냥 웃음만 나오는 이유들이었지만 스물다섯 살 중위에게는 큰 시련이었던 것 같다. 나와 중대장과의 악연을 처음부터 설명하려면 길다. 나중에 소개할 여러 사례에도 이 중대장이 등장할 텐데, 일단은 내 중대장이었던 '압둘라' 대위를 소개부터 하고자 한다.

압둘라는 나보다 4년 위 선배 장교이자 중대장님이었는데 외모부터가 초레어급 비주얼이었다. 키 165센티미터의 땅딸한 체격에 햄 통조림캔 같은 사각 얼굴, 입꼬리가 가늘게 찢어진 메기입, 두부에 칼집을 낸 듯한 작은 눈에 두꺼운 쌍꺼풀을 하고 있었다. 일본 만화영화 〈시간탐험대〉에 나오는 마법사 압둘라와 닮았다고 해서 중대원들 사이에서는 압둘라로 통했다. 그런데 외모만 그런 게 아니었다. 성격도 초레어급이었다. 지독한 경상도 사투리와 어수룩한 말투를 써서 겉보기엔 마치 영농후계자처럼 보이지만, 속은 치졸하고 뒤끝이 심해서 편협하기 짝이 없는 인물이었다. 그런 연유로 나를 비롯해 모든 중대원에게 비호감인 상사였다.

원래 나는 압둘라 대위의 부하가 아니었다. 다른 중대에서 소대장 보직을 6개월 정도 하고 있었다. 하지만 압둘라 대위가 대대장에게

"우리 중대에는 장교소대장이 없습니다. 초임 소위들로 소대장을 다 채우면 대대의 선봉인 우리 중대가 힘듭니다. 그리고 12중대장은 복무 연장자고 전 장기복무자입니다. 12중대 1소대장을 제게 주십시오"라 고 로비했다고 한다. 좋게 말하면, 난 압둘라에게 스카우트 당했던 것 이다. 하지만 말이 스카우트지 좌천이나 다를 바 없었다. 중대가 바뀌 면 보직도 바뀌는데 소대장 보직을 반쯤 한 상태에서 소속이 바뀌면 보직해임이 된다. 이렇게 되면 간부의 경우 말 그대로 '군 생활이 꼬인 다.' 보직해임은 인사상 불이익이라서 장기 복무 지원과 진급에 큰 영 향을 받기 때문이다.

아무튼 나는 압둘라 대위의 요청으로 12중대에서 9중대로 소속을 옮겼다. 그런데 압둘라는 나를 전방 격오지 독립소대로 보냈다. 전방에 서 철수하자마자 정기외박과 부대정비도 못한 채 또 전방으로 보내진 것이다. 결국 약 2개월 정도 새로운 부하들과 격오지 근무를 해야 했 다. 규정상 근무자들의 정기휴가와 외박은 보장받는다. 소대장이 2박 3일 외박을 가면 중대장이 대리근무를 하게 돼 있는데, 압둘라는 내 정 기외박을 자르고 본인의 휴가를 떠나버린 것이다.

그래도 이 정도는 참을 만했다. 격오지 근무가 끝나고 중대로 복귀 했는데 신임 소위 두 명이 와 있었다. 그런데 복귀와 동시에 강력한 태 풍으로 전방 지역 철책선, 즉 북측에서 월남하지 못하도록 막아둔 철 조망으로 된 시설이 죄다 쓰러지는 상황이 발생했다. 연대에서는 폐바 지역(GOP 후방) 부대가 복구 지원을 해서 전방 경계근무에 공백이 발생 하지 않도록 하라는 지시를 내렸다. 물론 우리 대대에도 1개 중대가 투입돼야 하는 상황이었다. 이때 공명심에 눈먼 압둘라가 그 작업을 자처하고 나섰다. 중대 상황은 전방 근무 경험자도 적었고 신병들이 많은 편성에 소대장들도 나를 뺀 1, 2소대장이 갓 소위로 임관해온 터라 부대 안정화나 여건상 주둔지를 벗어나는 건 무리였다. 그러나 용감하신 압둘라 대위가 갑자기 자진해서 복구 지원을 하게 된 것이다.

눈앞이 깜깜해졌다. 베테랑 소대장들로 가득 찬 중대에서 1개 소대씩 지원하는 방법이 각 중대장들에게서 나왔지만 압둘라 대위는 이 제안을 거부했다. 게다가 중대장이 직접 해야 하는 신임 소대장 전방투입전 교육을 중대장도 아닌 내게 맡겨버린 것이다. 하는 수 없이 벼락치기로 주의 사항과 지형 정보 등을 소대장들에게 알려주고 혹서기(한여름) 안전교육, 지뢰 및 불발탄 조치 훈련을 이틀 만에 끝내고 복구 지원에 투입됐다.

맥도날드 고개(경사가 맥도날드 로고 같아서 생긴 이름)를 도보로 넘어 당도한 전방은 그야말로 엉망이었다. 쓰러진 볏단들처럼 철책선들이 넘어져 있었고 경계등은 깨져 있었다. 클레이모어(수백 개의 구슬이 폭발해 적을 걸레로 만드는 대인지뢰) 전선도 며칠 안 감은 광녀의 머리처럼 엉망이었다. 다행히 우리 중대가 지원해야 하는 중대의 중대장과 소대장은 자상하고 배려가 깊은 분들이었다. 소대장은 내가 병사들과 함께 취사장에서 자는 것이 맘에 걸려 자기 방을 쓰라고 내놓을 정도였다. 하지만 나는 그 선의를 받아들이지 않았다. 첫날은 작업 구역을 답사해 각 소대별 할당 구역을 나누고 일자별 추진 계획을 작성해서 소대장들에게 나눠주고 부소대장들에게는 자재와 식사 지원 임무를 지시했다.

한여름의 민둥산 꼭대기 고지는 정말 더웠다. 철근으로 된 기둥을 인력으로 세우고 땅에 묻힌 철책들을 맨손으로 들어 올린다는 게 말로는 쉬워 보이지만 실제로는 피라미드 건설에 동원된 유대인 노예의 노역이나 다름없었다. 중장비 지원 요청도 해봤지만 VIP루트 복구가 우선이라는 상부의 답변만 돌아왔다. 거기에 지원을 받는 대대, 중대, 그리고 우리 대대와 중대에 일일이 상황 보고를 해야 했다. 압둘라 대위는 한 술 더 떠서 전용 핫라인을 만들어 수시로 살벌한 폭언을 퍼부으며 내 귀를 뻥뻥 뚫어줬다. 오죽하면 복구 지원을 받던 해당 중대장이 내게 담배를 건네며 이런 얘기를 할 정도였다.

"어이, 문 중위. 너희 중대장은 현장 안 오냐? 아니, 안 오는 게 더 좋겠다. 중대원들 알아서 잘하는데 여기 와서 직접 폭언으로 괴롭히면 자살자 나올 거다. 작업 속도는 충분한데 병력 사고가 나면 그게 더 큰 일이지. 고맙다. 문 중위."

안전을 최우선으로 작업하던 중에 큰 위험에 봉착했다. 철책의 가장 외부 쪽인 2선부터는 지뢰 지대였기 때문이다. 지뢰탐지기, 탐침봉을 이용해 나와 분대장들이 최선두에 서서 작업 안전 공간 확보를 위한 정찰 활동을 시작했다. 발밑은 지뢰밭에, 전방은 북녘 친구들이 꼬나보고 있는 상황이었다. 그때 뭔가에 밀려 미끄러졌는데 옆에 있던 분대장이 "M14 대인지뢰(플라스틱이라 지탐기에 감지되기 힘들다) 같은 것이 보인다"고 보고했다. 병력들을 다 피신시키고 몇 번을 확인했지만 진흙이 두껍게 발려서 지뢰인지, L자형 플래시의 건전지 덮개인지 분별하기가 쉽지 않았다. 안전이 우선이기에 위험 표지를 해뒀는데, 역시 안전이 걱정된다며 지원을 받는 중대장이 EOD(폭발물 처리반) 지원을 요청했다.

한참을 기다리다가 EOD가 왔고 내게 발견 경위를 듣고는 확인 준비를 하기 시작했다. 어디서 들었는지 압둘라 대위도 와 있었다. 그런데 그 꼴이 상당히 우스꽝스러웠다. 방탄복을 두 벌이나 껴입고 올라온 것이다. 위험 작업을 하는 부하들도 없는 방탄복을 혼자서 두 벌이나 껴입은 모습이란, 뭐라고 할 말도 없었다. 멀찌감치 떨어져 EOD 관계자들과 이야기하던 압둘라 대위가 갑자기 내게 와서 벌겋게 상기된 얼굴로 욕지거리를 날려대기 시작했다.

"플래시 건전지 뚜껑이랑 지뢰도 구분 못 해? 네가 장교야? 딱 보면 알아야지, 그걸 몰라? 이것 때문에 작업 진도 늦어졌잖아. 쪽팔리게 EOD는 왜 불러?"

압둘라는 부하들이 보는 앞에서 내 배에 지휘봉을 푹푹 쑤셔대댔다. 그 후로도 약 열흘 정도 부하들 앞에서 면박 주기를 계속했다. 장교로서 자존심은 무너진 지 오래였고, 휑하니 뚫린 비무장지대를 바라보며 저 지뢰밭으로 뛰어들면 압둘라와의 악연도 끝날 것이라는 생각을 했다. 몇 번이나 그런 유혹을 행동으로 옮기려 했지만, 다행히도 부소대장이 나를 제지했다. 복구 지원이 끝나고 대대로 복귀해서도 압둘라의 공개재판은 수시로 벌어졌고, 그가 중대를 떠날 때까지 수치심은 사그라지지 않았다. 당시 내 심리 상태는 극도로 불안했지만 후임 중대장의 배려로 회복될 수 있었다. 시간이 흘러 압둘라 대위를 같은 대위로 만나게 됐을 때는 통쾌한 복수를 해주기도 했다.

돌이켜보면 별것 아닌 일이다. 하지만 군대라는 좁은 울타리 속에서는 작은 것도 크게 느껴진다. 난 지금도 압둘라 대위가 밉다. 하지만 자살 충동으로까지 날 밀어붙인 그에게 고마운 감정도 동시에 느낀다. 미운데 고맙다는 말이 모순 같지만, 압둘라 대위 때문에 군대를 다른 관점에서 볼 수 있었고 그 관점에서 시작된 문제의식으로 군사 전문 기자의 길을 걷게 됐기 때문이다.

만일 내가 순탄한 군 생활을 해서 군대에 남았다면 군대를 맹신하거나 그냥 평범한 군인으로 인생을 마감했을 것이다. 하지만 나는 군대를 제대하자마자 일본으로 유학을 갔고 유학 생활의 경험은 귀국 후 다양한 방송 출연으로 이어졌다. 지금 나는 부유하진 않지만 사회에서 자유롭고 재미있는 여러 경험을 해나가고 있다. 그리고 이렇게 책을 통해 여러분과 이야기하고 있다. 내 인생에서 압둘라 대위와 같이한 시간은 고작 10개월 정도였다. 따지고 보면 아주 짧은 일부에 불과했다. 그리고 괴로웠던 경험은 인생의 재산이 되었다. 그러니 압둘라 대위가 고맙게 여겨지는 것이다.

군 입대가 걱정되고 군대가 인생의 걸림돌이라고 겁먹은 청년들에게 이렇게 말해주고 싶다. 겁먹지 말라고, 자기를 알고 자신감을 가지라고 말이다. 짧은 고통은 의외로 좋은 성과를 가져다줄 수 있다.

2장

후덜덜 입영에서 자대배치

+

1장에서는 군대를 어떻게 가야 하는지, 입대 전에 어떤 마음을 가져야 하는지에 대해 이야기했다. 군 입대에 대한 선택과 마음이 준비됐다면 이제는 청년 한 사람이 어떻게 군인으로 만들어지는지, 그리고 그 과정에서 어떻게 어려움을 극복해야 하는지에 대해 이야기하고자 한다.

장교, 부사관, 병 어느 것을 선택하든 민간인을 군인으로 만드는 과정은 방법과 기간의 차이가 있을 뿐 거의 같다. 이 책을 읽는 대다수는 병으로 입대를 준비하고 있기에 병 입대 예정자에 초점을 맞추겠지만, 장교와 부사관 입대를 희망하는 청년들도 잘 읽어두길 바란다. 장교와 부사관과 병 모두 신분을 떠나 다 같은 군인이라는 생각으로 읽는다면 신분 간의 차이를 더 이해하기 쉬울 것이다.

신병 훈련에서 인정받으려면

+

대다수 입대 예정 청년들의 머릿속에 있는 신병 훈련의 이미지는 구체적이기보다는 막연한 공포일 것이다. 어쩌면 군대 다녀온 사람들의 공포 유발성 허풍에 잔뜩 주눅 들어 있을지도 모른다. 모든 일은 시작하는 마음에 달려 있다. 막상 부딪혀보면 별것 아닌 경우도 많다. 신병 훈련도 알고 보면 별것 아니다. 적어도 내가 훈련받고 시켜본 입장에서는 그렇다. 그런데 왜 훈련 과정에서 인정받는 방법을 이야기하는가? 별것도 아니고 군대는 그냥 지나쳐가는 과정이라면서 왜 인정받을 필요가 있는가? 이런 의문을 갖는 독자들이 있을 것이다.

아마 독자들이 이 책을 읽는 이유는 군대를 안전하고 알차게, 그리고 쉽게 다녀오고 싶어서일 것이다. 어쩌면 누군가는 '군대 경험을 어떻게 살릴 수 있을까?' 생각하며 읽고 있을지도 모르겠다. 사설이 길었지만, 아무튼 훈련 과정에 대해 이야기하는 이유는 신병 훈련 과정이 앞으로 오랫동안 생활해야 하는 자대 복무에 큰 영향을 주기 때문이다. 이 과정에서 만난 여러 사람들의 평가가 이후 군대 생활뿐 아니라 사회생활에 도움을 주기도 한다. 따라서 신병 훈련 과정을 가볍게 생각해서는 안 된다.

신병 훈련 과정에서 교관이나 조교의 평가는 곧바로 자대배치 또는 보직에 영향을 미친다. 물론 신병교육대에서 자대배치를 하는 것은 부관부의 전산 작업으로 결정되지만, 사람을 다루는 '인사'라는 부분은 전적으로 사람이 판단하고 결정한다는 사실을 잊어서는 안 된다.

수류탄, 공포를 극복하고 자신을 믿어라

신병 훈련에서 가장 겁나고 두려운 훈련을 꼽는다면 수류탄, 화생방, 각개훈련, 20킬로미터 행군이다. 내 경험상 수류탄은 '몇만 발 중 몇 개가 불량이라 안전핀을 뽑으면 바로 터진다'는 잘못된 상식 때문에 훈련병들이 겁을 집어먹는다.

2014년 9월 모 부대의 신병 훈련 중 수류탄이 폭발해 한 명이 사망하고 두 명이 중상을 입는 사고가 발생했다. 당시 언론은 수류탄 불량이냐, 부대 과실이냐를 놓고 의견이 분분했다. 부대에서는 2015년 2월 '헌병대는 현장검증을 통해 수류탄의 기계적 결함에 의한 악작용(손으로 쥐는 힘)이 폭발 원인으로 추정된다'는 결론을 내렸다. 이는 헌병대 조사에서 당시 수류탄 투척호에 함께 있던 훈련교관 목격자들이 "평소의 훈련 절차와 안전 수칙이 준수된 가운데 사고가 일어났다"고 진술했기 때문이다. 하지만 국방기술품질원에서 폭발 사고 수류탄과 동일 품종인 K400 세열수류탄 1,010발로 실시한 기술시험에서는 특이 사항이 발견되지 않았다.

기계적 결함이 있는 수류탄이 악작용으로 폭발했다는 건 뭔가 석연치 않은 구석이 있다. 수류탄은 손에 쥘 때 수류탄 몸통과 안전레버를 꽉 쥐고 있는 한 절대 터지지 않는다. 수류탄을 던지면 안전레버가 떨어져 나가면서 신관과 뇌관이 작동해 터지게 돼 있다. 기계적 결함이 있어 신관과 뇌관에 문제가 있다면 불발되는 경우는 있어도 안전핀과 안전클립을 제거하자마자 터질 수는 없다. 내가 취재한 바로는 수류탄 제조사는 "로트(lot, 탄약을 생산하는 단위)당 무작위 안전검사를 한 후에 군에 납품합니다. 그리고 안전 검사 중 이상이 드러날 경우 로트 전체를 검사하게 돼 있습니다"라고 했다.

그러면 진짜 문제는 무엇일까? 아마도 훈련병이 수류탄을 쥘 때 실수로 힘을 살짝 뺐을 가능성이 높다. 그렇게 되면 지렛대 역할로 신관과 뇌관을 잡아주는 안전레버가 움직이면서 뇌관이 움직이고 신관이 작동돼 지연제(화약 폭발을 늦춰주는 물질)가 이 짧은 시간 내에 먼저 작동해서 터졌을 가능성이 크다. 쉽게 이야기하면, 훈련병이 자신도 모르게 손에 힘을 살짝 뺀 게 사고의 원인일 것이라는 말이다. 즉, 수류탄은 그 자체로는 안전하다.

사람은 지나치게 긴장하면 누구나 실수를 하게 된다. 나 또한 그렇다. 위험하고 두려운 훈련일수록 더 긴장하게 된다. 하지만 그 공포를 극복하면 적어도 그와 비슷한 공포들은 자연히 극복된다. 공포영화를 많이 보다 보면 나중에 어지간한 공포영화들이 시시하게 느껴지는 것과 비슷하다.

신병교육대에서 작성하는 생활기록부에는 여러 가지 내용이 기재되는데, 수류탄 투척을 했는지 안 했는지를 기록하는 부분이 있다. 내가 소대장이었던 시절에는 신병의 약 2~30퍼센트가 수류탄을 던지지 않았다. 신병교육대나 육군훈련소에서 당일 컨디션이 좋지 않거나 지나치게 경직된 훈련병은 사고 예방 차원에서 훈련 열외를 시키기 때문이다. 그런데 생활기록부에 수류탄을 던지지 않았다고 기록돼 있으면 대다수 소대장들은 그 신병을 특별히 관심을 갖고 본다. 즉, 유약한 병사라는 선입견을 갖는다.

만일 수류탄 훈련 당일에 몸 상태가 좋지 않으면 훈련 열외를 받는 게 좋다. 자신의 실수로 주변 동료가 죽거나 다칠 수 있기 때문이다. 하지만 그렇지 않다면 여러분의 손에 쥐어진 수류탄을 믿고 겁내지 마라. 겁내는 것과 조심스러운 것은 전혀 다르다. 사과보다 작은 수류탄이 여러분을 더 강하게 만들고 더 강한 사람으로 평가받게 한다.

눈물, 콧물, 침의 바다 화생방

수류탄이 잘못 알려진 상식으로 겁이 나는 훈련이라면, 이번엔 고통스럽기로 유명한 화생방훈련에 대해 이야기해볼까 한다. TV 예능

프로그램 〈진짜사나이〉를 비롯해 군을 소재로 한 방송 및 영화에서 흔히 약방의 감초로 등장하는 게 화생방훈련이다. 희뿌연 가스실 안에서 쿨럭이며 밖으로 뛰쳐나가려고 안간힘을 쓰다가 가스실 문이 열리면 눈물, 콧물, 침까지 다 쏟아내며 우사인 볼트처럼 질주하는 훈련병들의 모습을 다들 본 적이 있을 것이다.

안 겪어본 사람들에게 이 고통을 어떻게 전달할지 나도 고민이다. 쉽게 설명해서, 가스를 잘못 들이쉬면 씹기 힘든 음식물이 목에 걸린 것처럼 숨을 쉴 수 없는 고통이 몰려든다. 그리고 곧 피부 껍질이 벗겨지는 고통이 느껴진다. 한마디로 '죽는 건가' 하는 고통이다.

그런데 이 고통도 충분히 줄일 수 있다. 군대 다녀온 선배들이 "방독면 있으나 마나야. 가스가 줄줄 새어 들어온다. 방독면 다 불량이야"라는 이야기를 많이들 하는데 절대 그렇지 않다. 방독면은 문제가 없다. 가스를 정화하는 정화통이 불량이면 가스가 스며들 수 있다. 하지만 아무리 유효기간이 지난 정화통이라고 해도 방독면을 잘 착용하면 살짝 따가움이 느껴지는 정도다. 대부분의 훈련병들이 마음이 급한 나머지 방독면의 고정끈을 제대로 죄지 않거나 고정끈의 위치를 제대로 조절하지 못해서 방독면과 얼굴이 제대로 밀착되지 않아 가스가 새어 들어가는 것이다.

가스실에서 방독면을 쓸 때는 침착해야 한다. 간혹 가스실에서 조교나 교관이 군가를 시키는 경우가 있다. 그러면 대부분 가스를 소량이라도 들이마시게 되는데 이때부터 대혼란이 시작된다. 침착해져야 한다. 요즘은 군가를 시키는 경우는 거의 없다. 간단한 복명복창(조교의 선창에 후창으로 답하는 것) 정도가 고작이다. 말을 하거나 입을 움직일 때 최대한 작게 움직이고 목으로 소리를 내라. 그리고 숨을 들이마시지 말고 내뱉어야 한다. 그래야 가스를 덜 마시게 된다.

"방독면 착용!"이라는 교관이나 조교의 지시를 듣자마자 신속히 방독면을 써라. 그들의 고성과 윽박지름은 무시하고 최대한 정확히 착용하라. 착용이 완료됐다고 해서 바로 숨을 쉬면 안 된다. 방독면 속에 남아 있는 가스를 불어내서 완전히 없앤 뒤에 호흡을 해야 한다. 그러면 숨 막힘과 따가움에서 해방된다. 화생방훈련 전에 매일 조금씩 호흡 정지 연습을 해두면 더욱 효과적이다.

가스실 문이 열리면 대부분 수돗가로 달려가 얼굴을 물로 닦아내는데 절대로 물로 씻거나 물티슈로 닦아내선 안 된다. 화생방훈련에 사용되는 최루가스는 캡슐로 돼 있는 미세한 분말 상태로서 전투복과 피부에 들러붙는다. 수용성 물질이라 물에 녹으면 피부에 들러붙으므로 물로 씻거나 닦으면 더 따갑다. 차라리 몸을 바람이 부는 방향으로 돌려 바람에 날려 보내야 한다.

각개전투, 노력하는 이에게 보상이 있다

수류탄과 화생방훈련을 잘 극복했다면 이제 여러분에게 남은 최대의 고비는 각개훈련과 행군이다. 각개훈련은 전투 중에 발생하는 여러 상황을 부여하고 그 상황에서 전투원이 생존하기 위한 전투 기술을 가르치는 훈련이다. 철조망, 외나무다리 같은 장애물 지대를 통과하는 요령과 적으로부터 자신을 보호하는 은폐(숨기), 엄폐(벽이나 나무에 숨어 탄으로부터 몸을 보호하기) 기술을 익히게 된다.

각개훈련에서 가장 중요한 것은 신속함이다. 적의 포탄과 총탄이 쏟아지는 상황에서 자신의 몸을 지키기 위해 빠르게 움직여야 한다. 그래서 각개훈련을 한번 하고 나면 다들 입에서 단내가 난다. 실제 전투 상황에서 꾸물거릴 사람은 거의 없겠지만 힘든 각개훈련장에서는 꾸물거리는 훈련병들이 꼭 있다. 그러나 요령을 피우면 몸이 더 힘들어진다. 그리고 우리의 조교와 교관은 너무나 친절하다. 자신이 교육하는 훈련병을 적군에게 죽게 놔두지 않고 따로 특별 과외까지 해준다. 이 특별 과외를 받기보단 차라리 교장에 쓰러지거나 넘어지는 한이 있더라도 열심히 뛰고 몸을 최대한 낮춰서 박박 기어야 한다.

군대는 '각(절도 있는 멋)'을 생명처럼 여기는 곳이다. 각 나오는 사람을 좋아하고 대우한다. 차라리 몸이 약하다면 하다가 쓰러지는 편이 낫다. 그러면 "와, 저놈 악바리인데" 또는 "괜찮나"라는 반응을 보이며 여러분의 행동에 보상을 해준다.

여기서 내가 겪은 에피소드 하나. 소위가 돼 육군보병학교에서 훈련을 받을 때였다. 난 근력은 좋지만 순발력이나 지구력은 좋지 않아서 행동이 남들보다 느리다. 그런데 올빼미 고지라는 아주 가파른 바위 언덕을 교관이 선착순 10명을 외치면서 뛰어 올라가라고 지시했다. 몸이 느리다고 요령 피우다가는 얼차려가 따를 게 분명했다. 미친 척하고 뛰어올랐다. 그런데 미끄러운 바위에 발을 디디다 넘어지면서 경사면 아래로 굴렀다. 전투복은 찢어졌고 다리를 살펴보니 시뻘건 물이 전투복 바지를 적시고 있었다. 훈련은 중단됐고 교관은 기겁을 했다.

　난 의무대로 보내졌는데 약간의 타박상만 입고 큰 상처는 없었다. 그렇다면 그 시뻘건 물은 뭐였을까? 빨간색 네임펜이었다. 넘어지고 몸이 구르는 사이 전투복 바지에 넣어둔 네임펜이 부서지면서 잉크가 터져 흘러내렸던 것이다. 난 의무대에서 나와 교관에게 "잉크가 터져서 피처럼 보였습니다. 심려 끼쳐 죄송합니다"라고 보고했다. 그런데 그 독사 같은 교관이 피식 웃으며 "곰탱아, 하려는 의지는 멋졌다. 지금처럼만 해라. 네 몸은 소중하게 다뤄라"며 격려를 해주는 것이었다. 이때 느낀 게 하나 있다. 푸른 전투복과 눌러 쓴 교관모로 감정을 가리는 교관이지만, 진심으로 행동하는 사람에게는 따뜻한 감정을 보여줄 수밖에 없다는 것이다. 장교 훈련 과정이 이런데 신병 훈련 과정은 오죽하겠는가?

가스실, 행군, 수류탄 투척, 사격 모두 생소하고 힘들기만 하다. 처음부터 잘하는 사람은 없다. 단지 얼마나 진실성이 있느냐를 조교와 교관은 높이 평가한다.

　실제로 신병교육대대에 근무하면서 많은 교관과 조교들이 훈련병들에게 보여주지 않으려는 모습들을 뒤에서 많이 봤다. 그들도 훈련병과 똑같은 마음 여린 20대 청년이기에 더욱 훈련병의 입장을 잘 안다. 신병교육대대 조교들 대부분이 훈련 중에 뛰어난 성적 또는 훈련을 받는 태도가 좋은 훈련병을 중심으로 신병교육대대에서 지정하고 사단이나 상급 부대에 건의해 뽑힌 병들이다. 그들 역시 훈련병의 과정을 거쳤기에 노력하는 훈련병의 자세에 신뢰를 보인다. 그리고 한순간 요령을 부리기보다 꾸준히 신뢰를 얻어가는 게 더 큰 복을 안겨다준다. 성실함을 보인 훈련병에게는 어쩌다 본의 아니게 저지른 실수도 진심 어린 조언으로 보살펴주는 것이 교관과 조교들이다. 훈련을 잘 받는 요령은 없지만 인정받는 요령은 있다. 바로 신뢰와 성실이다.

행군, 나 자신과의 전투

신병 훈련의 꽃은 역시 행군이다. 예전 아버지 세대들처럼 차량과 물자가 부족하던 시절에는 잘 걷는 게 군인의 최고 무기였다. 하지만 우리 군도 선진국처럼 점점 차량화, 기계화돼가고 있다. 그래서인지 행군의 중요도가 예전 같진 않지만, 걸어서라도 기동을 해야 하는 게 군인이기에 행군은 여전히 중요한 훈련이다.

내가 입대했던 시절에는 봉합식 전투화가 지급됐는데 저가 가죽에 밑창도 못과 실로 봉합해서 무겁고 불편하기 짝이 없었다. 무겁고 땀차고 비가 줄줄 새는 그런 전투화였다. 가죽이 딱딱해서 행군을 하려면 고무망치로 전투화 뒷부분 가죽을 사정없이 내리치는 연화(가죽을 부드럽게 함) 작업을 해야만 했다. 이 작업을 제대로 해두지 않으면 전투화 가죽에 피부가 쓸려 상처가 났다. 심할 경우 전투화 속의 습기와 균이 피부의 진피 속으로 들어가 봉와직염이라는 무시무시한 병에 걸린다.

난 봉와직염을 누구보다 잘 안다. 내가 바로 행군 하루 전날 봉와직염에 걸린 장본인이었기 때문이다. 행군 전의 토요일과 일요일에 3사관학교에서 첫 외박을 나갔다(후보생 시절이었다). 처음으로 군복을 입고 고향인 부산으로 향하는 길은 설레지 않을 수 없었다. 나는 외출용으로 지정한 전투화를 신고 나갔는데 외출용이다 보니 각을 잡는다고 제대로 연화를 하지 않은 상태였다.

같이 외박을 나간 전라도 출신 동기생과 함께 신나게 부산의 이곳저곳을 싸돌아다녔다. 저녁이 돼 우리 집에서 같이 잠을 자는데 몸에 이상이 느껴졌다. 온몸에서 열이 나고 종아리 아래쪽이 부어올라 밤새 잠을 못 잤다. 일요일 아침이 되자 동기생이 "너 어디 안 좋냐? 밤새 왜 그리 끙끙거린 거야?"라며 걱정했다. 복귀하는 날이었기 때문에 부모님께는 비밀로 하고 동기생과 함께 서둘러 3사관학교로 복귀했다. 복귀와 동시에 당직이었던 '꽃돼지(몸이 통통하고 눈이 예뻐 붙여진 별명)' 2훈육 장교(대위)가 내 발을 확인했다.

"야, 불량품. 너 발 왜 이래? 심하게 부어올랐잖아. 열도 있고. 너 아무래도 봉와직염 같다. 내일 행군인데 대책 없네. 일단 의무대로 가자."

꽃돼지는 나를 차에 태워 3사관학교 의무대에서 긴급진료를 보게 해줬다. 군의관은 "봉와직염인데 아직 염증이 드러나지 않아서 외과적인 조치를 하긴 이르고, 내일부터 행군과 유격이니 항생제를 일주일 분량으로 처방해주겠다. 그걸로 버텨라"라고 처방했다. 12주 교육 중 5주차 훈련에 접어든 나로서는 행군을 마치지 못하면 퇴교 처리가 될 형편이었다. 그렇지 않아도 불량품으로 찍혀 나를 내보내려 했던 삽자루(1훈육장교)의 서슬이 여전히 퍼런데, 여기서 중도 하차한다면 나를 도와준 동기생들을 배신하는 꼴이었다. 나는 이빨 꽉 깨물고 행군에 나섰다. 당시 행군은 첫날 약 20킬로미터를 다섯 시간에 걸쳐 걷는 코스였다. 유격장까지 걷는 첫 행군은 힘들었지만 이동 경로가 좋아 버틸 만했다. 하지만 5일간 밤낮으로 실시되는 유격훈련에는 당해낼 여력이 없었다. 훈련 도중에 몇 번이나 의무실로 향해야 했다. 그러곤 아무 일 없었다는 듯이 훈련을 받았다.

5일간의 유격훈련이 끝나고 야간에 30킬로미터를 걸어 3사관학교로 복귀하는 야간행군이 남았다. 5월 초의 저녁 날씨는 덥지 않아서 처음에는 꽤 걸을 만했다. 그런데 도중에 행군로가 험해졌다. 산속을 헤치고 들어가기도 했고, 바닥이 요철처럼 튀어나온 자갈밭 위를 걷기도 했다. 다들 발바닥에 물집이 나기 시작했고 여기저기 끙끙거리는 소리가 들려오기 시작했다. 나 또한 물집과 염증으로 힘들었는데 진통제 덕인지 좀 몽롱했던 것 같다.

복귀를 1시간 30분 정도 남길 무렵 동이 터올랐다. 해가 뜨니 진통제 효과도 사라지고 극심한 고통이 엄습해왔다. 나뿐만 아니라 여기저기서 절뚝거리는 동기생들 천지였다. 지금에 와서 떠오른 거지만 다들 눈도 풀려 있었다. 수통의 물마저 다들 바닥이 났다. 훈육장교들은 행군 복귀 시간을 맞출 수 없다며 속보로 이동하라고 우리를 다그쳤다. 한마디로 지옥이었다.

목은 먹다 남긴 피자 도우처럼 말라갔다. 그때 작은 도랑에 물이 흐르는 것을 본 나는 참지 못하고 방탄헬멧을 벗어 헬멧에 도랑물을 담아 벌컥벌컥 삼켰다. 주변을 보니 어느덧 동기들이 몰려들어 헬멧으로 도랑물을 퍼마시고 있었다. 잠시 후 내 입에서 분수대처럼 오바이트가 뿜어져 나왔다. 나만이 아니라 그 물을 마신 모두가 오바이트를 해댔다. 갈증으로 다들 판단력이 흐려졌던 걸까? 알고 보니 그 도랑물은 축산농가의 축사에서 흘러나온 물이었다. 니글거리는 속은 좀처럼 진정되지 않았다.

잠시 후 멀리서 군악 소리가 울려 퍼졌다. 그렇다. 행군의 마지막 종착지를 내 다리가 알아서 걸어가고 있었던 것이다. 살면서 그렇게 긴 거리를 밤새워 걸어본 적이 없었던 나로서는 일종의 환희와 감격이 느껴졌다. 행군이 끝나고 훈육대장(소령)의 짧은 훈시와 함께 나와 동기들은 벽을 짚어가며 생활관으로 들어갔다. 동기회 명예위원이었던 나는 동기회 임원들과 함께 위문품을 전달하고 뒤늦게 샤워장에 들어갔다. 거기서 삽자루와 같이 샤워를 하게 됐는데 삽자루는 날 보더니 이렇게 말했다.

"불량품, 너 봉와직염이었다면서? 앰뷸런스도 안 타고 용케 살아남았다. 군 생활 중에 너처럼 독한 불량품은 처음 본다. 이제 널 집에 돌려보내긴 글렀다. 네가 집으로 돌아간다고 하면 내가 위병소 입구를 틀어막고 막을 거다. 이제부터 더 각오해라. 그리고 의무대에 가라. 네 발 상태를 네가 모르면 어떡해?"

그가 샤워장을 나간 후 오른발 발목을 보려고 몸을 움직였는데 몸이 안 움직였다. 쿵 소리와 함께 바닥에 쓰러졌다. 얼마나 지났을까, 빨간머리(입대하는 날 머리를 붉게 물들이고 온 친구의 별명)가 내 손을 잡고 있었고 난 엎드린 상태로 의무대 침대에 누워 있었다. 빨간머리는 울었는지 눈에 눈물이 고여 있었다.

"36번 후보생(나의 교번), 니 죽었는 줄 알았다. 내가 널 업고 왔는데, 군의관님이 너 발 보더니 눈을 찌푸리더라. 너 눈뜨면 보여주라는데 이 통에 가득 담긴 고름이랑 피 보이나. 너 발목에서 이만큼 나왔다. 나도 보고 기절하는 줄 알았다. 너 참 대단하다."

일주일간의 유격과 행군에서 몸무게가 15킬로그램 정도 줄었다. 몸무게가 세 자릿수에서 두 자릿수로 줄었고 발톱도 네 개나 빠졌다. 행군의 고통은 잠시였다. 난 행군을 통해 나 자신을 믿을 수 있게 됐다. 그렇게 겁나고 아팠던 행군이었는데 끝나 보니 아무것도 아니었다.

그리고 날 업고 의무대에 달려간 빨간머리 녀석부터 내가 의식이 몽롱할 때마다 내 군장을 대신 메고 간 산골 청년 택환이, 내가 낙오할까봐 끈으로 날 묶고 간 조그마한 체구의 쌈장 기석이 녀석에게 고마웠다. 자기들도 힘들었을 텐데 날 돕다니, 내 눈에도 눈물이 고였다. 나중에 물어본 거지만 녀석들은 내가 의지를 보였기에 도왔다고 한다. 특히 전라도 출신인 쌈장 녀석은 이렇게 말했다.

"너보다 체력도 좋은 놈들이 얄밉게 앰뷸런스를 타는 걸 봤는데 넌 바닥을 기면서까지 앰뷸런스를 거절하더라. 아따, 너 독하더만. 그래서 도왔어. 너 멋져부렀다."

생각해보면 지금도 여전히 물고 늘어지는 근성은 행군이 만들어준 재산이란 생각이 든다. 요즘은 고어텍스 전투화가 보급돼 봉와직염도 거의 찾아보기 힘들어졌고 밤새 망치 소리로 시끄러웠던 연화 작업도 자취를 감췄다. 그래서 예전보단 나은 행군을 하게 될 여러분이겠지만 그래도 행군은 장시간의 체력과 정신력이 필수다. 지쳐 쓰러질 수 있지만 절대로 포기하지 마라. 포기하지 않는 것만으로도 주변으로부터 인정받는 군인이자 대한민국의 강한 시민이 된다.

훈련에서 인정받는다는 건 결국 신뢰받는 성실한 나를 만든다는 것이다. 신뢰를 받는 성실한 내가 되는 순간, 인생에 진정한 편안함이 찾아오는 게 아닐까?

하기 싫은 일은 먼저 하는 게 답이다

+

군대는 개인의 개성이 아닌 조직의 단체성을 강조하는 집단이다. 물론 단체성을 강조하는 집단은 군대 외에도 많다. 긴밀한 협조가 요구되는 경찰, 소방관, 건설회사 등도 단체성을 강조한다. 그런데 군대가 유독 단체성을 강조하는 이유는 무엇일까? 군대는 명령과 계급을 생명처럼 여긴다. 전쟁이라는 위급한 상황에서 아군의 희생을 줄이고 승리하기 위해서는 계급에 따른 상하 질서와 명령으로 일사불란하게 움직여야 하기 때문이다. 계급과 명령이란 두 가지 요소가 지켜지지 못하면 조직의 규율과 함께 단체성도 무너지고, 단체성이 무너지면 전쟁에서 패한다. 군대의 최종 목표는 전쟁에서 승리하는 것이다. 이 승리라는 목표를 위해서는 단체성이 강조될 수밖에 없다.

여기에 각기 다른 삶을 살아오던 청년들이 징병돼 개인의 공간 없이 생활관에서 24시간 타인과 함께 생활하려면 양보와 배려를 발휘하고 공동의 약속을 철저히 지켜야 한다. 이런 집단적, 획일적 특성은 개성이 존중받지 못한다는 단점은 있지만 구성원 모두의 원활한 내무 생활과 군대의 존재 목적을 위해서는 반드시 필요하다.

이 책을 읽는 대다수는 아마도 형제가 한둘 있거나 외동으로 자랐을 것이다. 그래서 형제가 많았던 과거 세대보다 단체 생활에 적응력이 약하다. 교육 풍토도 과거와 달라서 집단보다는 개인에 맞춰진 교육을 받고 있다. 놀이 문화도 여럿이 몸으로 느끼는 놀이보다는 혼자 모니터를 보고 즐기는 게임이 주류가 됐다. 단체 활동이라고 해봐야 조별 발표나 과제 정도가 고작일지 모른다. 이런 문화 속에서 자란 여러분에게 단체 생활이란 상당히 부담스러울 것이다. 하지만 익숙하지 않은 단체 생활에 잘 적응하면 분명 새로운 모습으로 성장할 수 있다. 그래서 여기서는 단체 생활의 노하우를 전할까 한다.

힘들 땐 내가 먼저, 편할 땐 네가 먼저

사람은 힘들 때 그 사람의 본래의 모습이 보인다고 했다. 힘들고 지칠 때 자신을 먼저 생각하는 건 본능이다. 하지만 인간에게는 남을 도우려는 착한 심성도 있다. 예전에 모 방송국에서 인간의 본성이 착한지 나쁜지를 알아보는 재미있는 테스트를 한 적이 있었다. 이제 갓 말을 하기 시작한 어린이들 앞에 선생님이 다친 척 연기를 하자 아이들 대부분은 "선생님, 울지 마요. 약 줄게요"라고 말했다. 장난감이나 먹을 것 앞에서는 자기가 더 가지겠다고 떼를 쓰는 아이들이지만 이런 이타적 본성도 나타나는 걸 보면, 사람에게는 남을 배려하는 착한 심성이 분명 있다.

신병교육대에 들어가면 침상(누울 수 있게 길게 늘어진 바닥)에서 여러 동기들의 체취와 잠꼬대를 온몸으로 흡수하며 칼잠을 자야 한다. 화장실이나 생활관 청소도 동기들과 같이 해야 한다. 어머니가 챙겨주던 식사 대신 일명 '짬밥'이라는 투박한 식사를 하고 자기가 먹은 식기는 자기가 씻어야 한다. 어느 하나 편한 구석은 없다. 힘든 훈련이 끝나도 내무 생활에는 귀찮은 일들이 가득하다.

그 누구도 시키는 일 외에는 더 하고 싶지 않을 것이다. 너와 나의 일을 명확히 나누거나, 심지어는 내 일을 남에게 미루고도 싶을 것이다. 하지만 군대에서 개인적인 편안함만 추구하려다간 큰코다친다. 반대로 앞장서서 타인을 위해 움직이는 사람에게는 보상이 주어지기도 한다. 큰 보상은 아니지만 군 생

내가 하기 싫은 일은 남들도 하기 싫은 법이다. 하지만 이럴 때 앞장서는 것만큼 훌륭한 용기는 없다. 군대는 이런 용기를 높이 평가한다. 앞장서면 피곤한 세상이라지만 군에서만큼은 앞장서는 용기가 필요하다.

활에 소소한 즐거움을 주는 보상은 따르기 마련이다.

장교, 부사관, 병을 막론하고 군대교육기관에서는 제대(분대, 소대, 중대)별로 대표를 정해둔다. 조직의 효율적인 통제와 지휘를 위해 제대장은 필수인데 대부분은 제대장을 맡길 꺼린다. 내 몸도 귀찮은데 제대원들을 돕거나 이끌어야 한다는 책임이 부담스럽기 때문이다. 하지만 제내장을 하게 되면 귀찮은 책임만 따르는 건 아니다. 권한도 따르고 '상점'이라는 녀석도 따라온다. 그리고 자기도 알지 못하는 사이에 리더십이 쌓인다.

2009년 일본 도쿄에서 대학원 학비를 벌기 위해 한국 삼겹살 식당에서 아르바이트를 할 때였다. 내가 일하던 가게는 우에노 공원 부근에 있었는데 공원이 유명한 관광지고 상업지구인 탓에 항상 손님들이 많았다. 그중에는 유흥업 종사자들도 많아서 진상 손님도 꽤 있었다. 같이 일하는 친구들 대부분은 20대 초중반이었고 30대는 나 혼자였다. 그런데 그 가게는 철저한 군대식 짬밥 체계로 돌아갔다. 가게에 먼저 들어온 사람이 선배고 늦게 들어오면 후배였다. 그래서 난 나이가 많아도 최하위 짬밥이었다. 게다가 이 가게는 한국인이 운영하는 가게 중 노동 강도가 1, 2위를 다툴 정도로 일이 고됐다.

원래 굼뜨고 행동도 느린데 가게 분위기도 군대식이라 스트레스가 이만저만이 아니었다. 그러던 어느 날, 원래 근무하던 점장이 주야간 근무를 하기 힘들다며 일자리를 옮기게 됐고 다른 지점에서 온 20대 중반의 밝고 싹싹한 인상의 점장이 우리 가게로 왔다. 당연히 처음에는 다들 짬밥을 내세우며 텃세를 부렸는데, 어느 순간부터 신임 점장에게 무장해제가 됐다. 그리고 가게는 알게 모르게 분위기가 점점 바뀌었다.

한 예로, 가게에 직원들이 쓰는 사물함 겸 간이창고가 있었는데 문짝 손잡이가 부서져 종종 직원들이 손가락을 다치곤 했다. 하지만 그걸 알면서도 선뜻 고치려는 사람이 없었다. 다들 무심히 보고 넘어갔고 문은 점점 더 망가져갔다. 그런데 신임 점장이 어느 날 자전거에 공구박스를 싣고 일찍 출근하면서 내게 말했다.

"형님, 문 좀 잡아주실래요?"

당연히 나는 점장을 도왔다. 수리가 끝난 뒤 점장이 말했다.

"진작 했어야 했는데 늦었네요. 누구든 먼지 본 사람이 손을 써야 하는데 제가 게을러서 죄송해요."

나이는 어렸지만 그는 점장이라는 책임감 때문이든, 아니면 천성이 착해서든 그렇게 가게의 분위기를 바꿔나갔다. 가게의 시설물들만 바뀐 게 아니었다. 직원들의 업무 태도도 많이 변했다. 짬밥이란 서열을 핑계로 일을 미루던 고참 직원들이 어느덧 후임 직원들의 일손을 돕거나 협조적인 자세를 보이기 시작했다. '내 일이 아니야'에서 '우리 일이야'로 바뀐 것이다. 사람 한 명이 바뀌었을 뿐인데 조직 전체가 바뀐 놀라운 일이었다.

어느 날 휴식 시간에 점장에게 나이도 어린데 어디서 이런 리더십을 쌓았느냐고 물었다. 그는 이렇게 말했다.

"형님, 전 한국서 대학도 제대로 나오질 못했고요. 제대로 된 직장도 아닌 일용직에 가까운 일을 해서 사회 경험이란 게 없어요. 2년 정도 무탈하게 마친 군대 생활이 전부였어요. 실은 육군훈련소 시절 소대장 훈련병을 자진해서 했거든요. 처음에 다들 머뭇거렸어요. 근데 무슨 용기였는지 제가 자진했어요. 그런데 직책이란 게 참 신기해요. 다들 보고도 넘어가는 것들을 전 문제라고 생각하게 되더라고요. 그러다 보니 남이 하지 않는 일들을 먼저 보고 행동하게 됐어요. 장교 출신이라 잘 아시잖아요? 그린 거, 병들이 맡으면 특별한 혜택도 없고 잘하는 녀석들에겐 일거리만 늘어나잖아요. 그런데 좀 지나서 생각해보니 꼭 그런 것 같지도 않았어요. 어릴 때 아버지가 돌아가셔서 어떻게 보면 전 '관심병사'일지도 모르는데 육군훈련소 조교와 교관이 제 상담 기록을 아주 좋게 써줬더라고요. 그래서인지 자대배치를 국군교도소의 운전병으로 받았어요. 거긴 훈련도 별로 없고 재소자들 교정 업무와 운전 업무 외엔 특별한 훈련이 없었는데 몸이 편하니 오히려 생각이 많아졌죠. 뭐랄까, '나다 싶으면 먼저 뛰어가자'는 생각이 들었어요. 재소자들의 모습을 보면서 수동적인 인간보다는 능동적인 인간이 돼야 한다는 생각이 확고해졌어요. 그리고 군대에서 분대장도 해봤어요. 그러다 보니 일본 유학까지 왔고 여기서 전문학교도 졸업하고 점장으로 일도 하는 거죠. 장교 출신 형님께 제가 별말을 다 하네요. 형님, 힘내세요."

그의 이야기에 나도 제대 후 잠시 잊었던 '솔선수범'과 '주인의식'을 다시 떠올리게 됐다.

신병 훈련은 자대 생활의 밑거름을 만드는 시기다. 신병교육대 또는 육군훈련소 같은 교육기관에서는 자대보다 더 리더십을 쌓을 수 있는 기회가 주어진다. 자대에서는 선임들의 눈치를 보느라 앞장서기 힘들기 때문이다. 요즘 같은 취업난 속에서 젊은이들이 누군가를 이끌며 리더십을 쌓기란 정말 어렵다. 그렇기에 신병 훈련에서 자신의 리더십을 확인해보는 건 군 생활과 사회생활에서 큰 자산이 될 것이다.

동기사랑 나라사랑은 옛말

+

취재를 하면서 요즘 신세대들은 기성세대로 접어드는 우리와 많이 다르다는 걸 느낀다. 물론 내가 20대였을 때 3, 40대들이 고루한 아저씨처럼 느껴졌던 것 정도일지도 모른다. 그때 나는 군 복무 중 가혹 행위와 얼차려 같은 건 과거에 비해 많이 달라졌지만 동기애는 예나 지금이나 비슷하다고 느꼈었다.

하지만 요즘 군대는 다르다. 같이 고생하는 동기를 돕고 힘이 돼주기보다는 자신의 안위가 우선이며 주는 만큼 받으려는 심리가 존재한다. 물론 동기애가 완전히 사라진 건 아니지만 선배 세대와 내 또래 세대를 거쳐 지금의 20대가 자라온 성장 환경과 교육이 변화한 만큼 동기에 대한 애정과 배려가 약해진 것은 사실이다.

차별에 찬성하는 청년들

서강대 사회과학연구소 연구원인 오찬호 박사가 쓴《우리는 차별에 찬성합니다》란 책을 읽어보면 기성세대가 생각하는 것과 전혀 다른 모습의 20대를 발견할 수 있다. 지금껏 우리가 생각해온 20대는 무한 경쟁 시대의 희생자 또는 사회적 부조리에 대해 항거하고 정치적으로 각성해야 하는 세대였다. 하지만 오 박사는 대학에서 학생들과 직접 만나면서 사회구조로 인한 불이익은 자신의 책임으로 수긍하지만 경쟁에서 진 패자들은 차별하고 멸시하는 것이 합당하다고 믿는 20대들의 이면을 이야기한다.

왜 20대들은 차별과 배제를 정당화하는 것일까? 내가 소대장이었던 시절 대학을 졸업했거나 재학 중에 입대한 부하들은 소대의 절반가량에 불과했다. 하지만 이 비율은 점점 더 높아져 지금은 약 80퍼센트 가량이 대학 재학 이상의 학력으로 군에 입대한다. 과거 장병들은 학력이 높고 낮고를 떠나 자신의 목소리를 조심스럽게 낼 수 있었지만, 지금은 고학력의 병들이 많아졌어도 자신의 목소리를 낼 수 있는 장병들은 더 줄어든 것 같다.

학력과 고도의 스펙을 요구하는 사회 풍토에서 청년들은 경쟁에서 살아남는 것만이 중요하다고 획일적으로 생각하게 된 것일지도 모른다. 자기 관리를 위해 숨 막히는 고통을 감수하면서도 막상 자신이 경쟁에서 우위가 되면 자기보다 못한 이들을 차별하고 배제하는 것이 정당하다고 생각한다.

실제로 제대한 지 얼마 안 된 후배들과 이야기를 나누다 보면 다문화 가정 지원이나 이주노동자에 대한 지원 등 약자에 대한 지원 정책을 공정하지 못하다고 말하는 걸 심심찮게 듣는다. 비정규직에 대해서는 자기들보다 노력하지 않았기에 차별을 받는 게 당연하다고 이야기하기도 한다. 어떻게 보면 자신도 더 좋은 위치에 선 사람보다는 약자이고 그렇기에 차별과 배제를 당하는데도 말이다.

'동기사랑, 나라사랑'이라는 말을 들어본 적 있는가? 힘든 군 생활에서 동기만큼 편하고 힘이 돼주는 존재는 없다. 하지만 예전처럼 동기라고 무조건 돕거나 의지가 돼주는 시절은 끝났다. 당신이 먼저 동기를 배려해야 한다.

군대 동기 이야기를 하는데 잡설이 길었다. 병영 문화와 내무 생활은 사회생활의 연장선이다. 입대 전 청년들은 아르바이트든, 학업이든 직간접적으로 사회관계를 체험하다가 군대에 들어오며, 자연히 그들의 또래 문화가 군대에 유입된다. 그렇다면 단체성을 강조하는 군대에서 신병 훈련 기간 중에 강조하는 덕목인 동기애는 어떨까? 취재를 위해 만나본 병들의 대부분은 "동기가 선·후임보다 편하고 의지가 되는 건 사실이지만, 단체에 적응하지 못하거나 타인보다 뒤처지는 동기를 굳이 챙길 필요는 없다"고 이야기했다. "목적을 위해 고생하고 노력한 사람에게 몫이 돌아가야지, 왜 그렇지 못한 사람에게까지 내 몫을 나눠야 합니까?"라고 되묻는 병들도 꽤 있었다.

나는 병 출신은 아니었지만 사관후보생 시절 항상 남보다 뒤처졌다. 그래서 본의 아니게 민폐를 끼친 적도 많았다. 당시 동기들의 눈에 나는 '고문관'에 가까웠을지 모른다. 과거의 고문관은 좀 느리거나 멍해서 짜증이 나도 그 고문관을 보고 웃거나 보호할 대상 정도로 인식했다. 고문관 동기에 대해서는 더욱 그랬다. 하지만 요즘 청년들에게 고문관 동기는 차별과 배제의 대상이다. 누군가의 고통을 보고도 무심한 청년들이 힘든 훈련 기간에 누군가에게 손을 내미는 것은 극히 보기 힘든 일이 돼버렸다. 서로가 서로를 돕는 것은 이제 '기브앤드테이크', 즉 주고받기로만 존재한다.

여기서 내가 하고 싶은 이야기는 두 가지다. 힘든 신병 훈련이지만 가족과 떨어진 여러분이 가장 의지할 사람은 코를 골든, 이를 갈든 여러분 옆에서 잠을 자고 있는 사람이다. 그 사람이 뭔가를 주기 때문에 내가 주는 게 아니라, 내가 건네기 때문에 받는 것이다.

사람은 삶이란 조건에서 악함이 드러나는 것일 뿐, 어린아이들의 심리검사가 말해주듯 누구나 선한 심성을 가지고 있다. 아무도 돌아보지 않는 동기를 잘 도와야 한다. 군대뿐 아니라 세상에서 사람의 일이란 어떻게 될지 모른다. 여러분이 동기에게 건넨 손길이 어떻게 돌아올지는 아무도 모른다. 그리고 그 손길이 누군가의 생명을 건진 것이라면 그만큼 뿌듯하고 행복한 일은 없을 것이다.

자대배치, 소문을 믿지 마라

+

신병 훈련이 끝나면 다들 자대배치를 어디로 받을지 궁금해진다. 육군훈련소가 아닌 신병교육대에서 훈련을 받는 대부분의 병들은 자신이 훈련받은 신병교육대가 속한 사단이나 군단으로 배정받는데, 이때 분대장 교육을 받으러 오는 선임병들과 만날 기회가 있다. 이 선임병들은 대개 상병이나 병장으로 고참병인지라 아는 것도 많고 주위들은 소식도 많다. 하지만 이들이 이야기하는 '편한 부대', '빡센 부대'를 그대로 믿어서는 안 된다. 군대만큼 온갖 억측과 풍문이 무성한 곳도 없다. 말 그대로 '카더라 통신'이 난무한다. 그걸 믿다가 낭패를 보는 경우가 대부분이다.

지옥 부대, 천당 부대는 사람이 만든다

편하다고 소문난 부대가 알고 보니 빡센 경우도 있고, 지옥이라고 소문난 부대가 가보니 천국인 경우도 많다. 그리고 각자의 마음에 따라 이 또한 바뀐다. 내가 지원해서 간 군대가 아니라면 솔직히 어디든 똑같다.

특정 부대의 이름을 거론하긴 좀 그렇지만 내가 소대장 때 처음 근무했던 부대는 3개 보병연대와 1개 포병연대, 그리고 사단직할 부대로 구성돼 있었다. 당시 병들 사이에서 가장 힘들기로 악평이 나 있던 부대는 보병연대 중에서는 가장 험준한 내륙 지역 경계를 담당하는 연대였고, 사단직할대에서는 강인한 체력을 요구하는 수색대대였다. 반대로 '꿀보'라고 불리던 부대는 보병연대 중에서는 민가도 많고 비교적 평탄한 해안연대였고, 사단직할대 중에서는 보충병 관리를 하는 보충대와 차량으로만 기동하는 토우중대가 가장 인기 있었다. 하지만 보충대와 토우중대는 대부분 주특기 교육을 받은 신병들이 배치됐기 때문에 신병교육대에서 갈 확률은 거의 없었다. 대부분 내륙연대만 가지 않길 희망했다. 실제로 내륙연대로 배치받은 신병들은 대부분 죽을상을 지어댄다.

하지만 정말로 힘들다는 부대가 꿀보가 된 경우도 있었다. 왜 그럴까? 군대에서 제일 중요한 건 어떤 지휘관, 어떤 간부가 대장을 하느냐다. 이에 따라 부대 분위기가 확 달라지기 때문이다. 즉, 연대장, 대대장, 중대장이 어떤 사람인가가 상당히 중요하다. 아무리 근무하는 지형이 험준하고 임무가 힘들어도 지휘관이 부하들에게 자애롭다면 내무 생활과 병영 생활이 편하다. 또한 내무 생활과 병영 생활을 같이할 선·후임들의 취향이 나와 잘 맞는지 아닌지도 중요하다.

결국 편한 부대라는 것은 사람이 만드는 것이지, 부대가 만드는 게 아니다. 자대배치 전에 듣는 소문은 사람의 주관이 섞인 평가일 뿐이며 절대적일 수 없다. 정말 좋은 지휘관이 부대를 안정적으로 지휘하다가도 고약한 지휘관으로 교체되면서 분위기가 지옥으로 바뀔 수도 있고, 좋은 선임이나 후임 덕에 밝은 내무 생활이 이어지다가도 거칠고 괴팍한 선임이 왕고(최고 고참)를 차거나 정말 골 때리는 후임이 들어와 내무 생활이 험악하게 바뀔 수도 있다. 또한 태풍이나 수해, 폭설 등 기상이변으로 부대 생활이 어떻게 꼬일지는 아무도 모른다.

따라서 신병들은 편한 부대에 가고 싶다고 생각하기 전에 어디를 가도 똑같으며 사람이 중요하다고 생각해야 한다. 군대의 일은 예측할 수 없다. 어디를 가든 군대는 군대며, 다만 사람이 중요하다. 그러니 긴장과 여유를 갖고 순응하며 살아가자고 생각하라. 원래 소문이 귀를 끌고 남의 떡이 더 커 보이는 법이다. 하지만 원효대사의 해골 물처럼 중요한 건 마음가짐이다.

자네 생활의 시작, 이제부터 본방이다

+

5주간의 교육을 마친 여러분은 이제 작대기 하나를 가슴에 부착한다. 훈련병에서 이등병이 된 것이다. 이 과정을 통과한 것만으로도 군 생활의 절반을 해낸 것이나 다름없다. 군인으로서 필요한 기본은 충분히 익혔다. 이때부터는 자대에 배치돼 실제로 임무를 수행하고 진급 때마다 찾아오는 꿈같은 휴가와 외출·외박, 훈련병 때 누리지 못했던 자대 생활의 긴장과 여유를 느끼는 일만 남았다.

자대에서의 생활과 근무 여건은 신병교육대보다 좋다. 여러분이 지낼 생활관은 대부분 신형 막사라 분대별로 개인 침대에서 생활하고, 자유롭게 볼 수는 없지만 위성방송과 텔레비전도 구비돼 있다. 일과 시간에는 이용이 제한되지만 자유 시간에는 '충성클럽(PX)'에 갈 수도 있고, 짬밥이 낮아 눈치를 봐야겠지만 '사지방(사이버지식방)'에서 인터넷을 사용할 수도 있다. 하지만 신병교육대 시절의 조교보다 더 무서운 선임들의 눈이 CCTV처럼 여러분을 지켜보고 있다. 여유가 주어졌다고 느슨해져서는 안 된다. 군대 생활의 본방인 자대배치를 진심으로 축하한다.

01

긴장을 유지하라, 긍정적으로 생각하라

+

자대 생활은 긴장과 여유의 반복이다. 지나치게 긴장하면 실수를 하고 실수가 쌓이면 선임들로부터 미운털이 박힌다. 그래서 적당한 여유가 필요하다. 선임들도 사람이다. 항상 겁을 집어먹고 각 잡힌 모습만 보여주는 후임보다 때로는 인간적으로 다가오는 후임이 더 예뻐 보인다. 잔뜩 긴장만 하고 있으면 선임들은 '저 녀석 불안해. 사고 칠지 몰라. 무슨 생각을 하는지 모르겠다'고 생각하게 된다.

군대도 사람이 모여 사는 또 다른 사회다. 군대라고 해서 완전히 사회와 동떨어진 공간은 아니다. 긴장이 있으면 여유가 있어야 하고 긴장과 여유가 적절히 반복돼야 사고가 나지 않는다. 긴장만 계속된다면 피로가 쌓여 뼈가 부러지는 피로골절처럼 사고가 터진다. 하지만 갓 자대로 배치된 여러분이 언제 긴장과 여유를 가져야 할지를 판단하는 건 당연히 쉽지 않다.

지적 앞에서는 겸허하게, 생각은 유연하게

2002년 1월 GOP 소초에 신병 하나가 전입 왔다. 키도 크고 인물도 좋은데 자대 전입을 GOP로 와서인지 많이 경직돼 있었다. 생활기록부를 보니 공업고등학교를 졸업하고 바로 입대한 신병이었는데 선임병들과 다르게 GOP 투입 전 교육을 거의 받지 못하고 왔다.

그렇다 보니 의욕은 앞서지만 신병으로서 숙지해야 할 상황을 잘 이해하지 못해 선임병들에게 매번 혼이 났다. 건장한 덩치에 맞지 않게 실수가 잦았고 기가 죽어 있었다. 신병들이 대개 그렇긴 하지만 한편으론 걱정도 됐다. 상담을 해보니 그 신병이 말하기를, 학창 시절 공부에는 소질이 없었지만 춤도 꽤나 추고 완력으로도 밀리지 않았는데 여기선 점점 자신이 작아지는 걸 느끼고 간혹 욱하는 감정도 나오려고 한다는 것이다. 그래서 난 그 신병을 소대장 통신병으로 배치했다. 원래 중화기 중대는 박격포와 대전차 화기를 다루기에 기본적으로 무전기를 다룰 수 있고 실제로 GOP 순찰 중에는 무전기를 멜 경우도 거의 없어, 그를 직접 데리고 다니며 교육하기로 한 것이다.

나는 그를 데리고 다니면서 GOP 순찰 요령과 경계근무 요령을 가르쳤고 철책선과 철책선에 부착된 경계 보조물들을 하나씩 알려줬다. 그렇게 일주일이 지나자 순찰로를 나서는 자세가 상당히 달라졌다. 덩치에 안 맞게 움츠려 있던 녀석이 먼저 말을 걸기도 하고, 순찰에 필요한 장비들을 미리 챙겨놓기도 했다.

GOP 철책에는 흰색과 빨간색으로 칠한 청각석이라는 돌이 박혀 있는데 만약 적이 철책선을 넘으려 하면 이 돌이 떨어지면서 소리가 나게 돼 있다. 그런데 정말 TV 프로그램 〈순간포착 세상에 이런 일이〉에 나올 것 같은 사건이 발생했다. 우리 소대가 담당하는 GOP 철책 경계 담당 범위 중 상당수가 해안 쪽인데, 날씨가 춥고 바람이 세게 불 때는 해안가나 주변 철책에 물고기나 조개 미역 같은 해조류가 널브러져 있곤 했다. 그날은 손바닥 반 정도 크기의 새끼 복어가 철책선 철망에 꽂혀 있었다. 그때 그 신병이 내게 이렇게 말했다.

"소대장님, 질문 있습니다. 철망에 박혀 있는 돌은 청각석이라고 알려주셨습니다. 그런데 철망에 박힌 저 복어 새끼는 무엇입니까? 청각어입니까?"

신병의 재치 있는 질문에 나는 웃음이 터졌다.

"너, 머리 나빠서 학습 능력이 나쁘다고 했는데 뻥인 것 같다. 나도 모르는 신개념을 이야기하다니 말이야."

순찰이 끝나고 그 이야기를 소대원들에게 해주니 모두들 배를 잡고 웃었다. 그 후부터 그 신병의 장점을 포착하면 칭찬을 자주 해주었다. 어느덧 자대 전입 한 달이 지났을 때 그 신병은 소대 내 분위기 메이커로 변신해 있었다.

난 심리학을 전공하진 않았지만 '피그말리온 효과'를 믿는다. 그리스 신화에 등장하는 키프로스의 왕 피그말리온은 여성을 혐오해서 자기가 생각하는 이상형의 여성 조각을 아내처럼 대했다. 하지만 조각은 조각일 뿐 인간이 아니었기에 피그말리온은 아프로디테에게 조각상과 같은 여자를 아내로 만들고 싶다고 간청했고, 결국 아프로디테는 피그말리온의 정성에 감동해 조각상에게 생명을 부여했다. 긍정을 기대하면 긍정의 힘이 발휘된다. 그러나 지나친 긴장에 주눅이 든 대부분의 신병들은 자기 지신을 책망한다. 부정적 힘이 지배적이다.

　신병이 처음 자대에 배치되면 대부분 특별한 임무를 부여하지 않고 신병을 관찰한다. 하지만 일정 기간이 지나면 선임병들과 함께 임무와 작업에 투입된다. 이 기간에 간부들의 부정적 지적이 쌓이면 그 신병은 계속 부정적인 이미지로 내몰려 급기야는 '지적하거나 윽박지르는 선임병이 나쁜 게 아니라 내가 나쁜 거야'라며 모든 걸 자기 탓으로 돌리게 된다. 나중에는 이유 없이 혼나더라도 자기 탓으로 돌린다. 심각할 경우에는 자살이나 사고로 이어지기도 한다.

　선임들의 지적은 긴장을 유지하고 겸허하게 받되, 그 문제를 자신이 긍정적으로 해결할 수 있다고 생각하는 여유가 필요하다. 긴장이 쌓이면 결국 평범한 일상적인 모습도 다른 사람들은 우울하게 본다.

긴장과 여유는 종이 한 장 차이다. 여유 있는 듯 긴장하고, 긴장하는 듯 여유 있어야 하는 곳이 군대다. 남자들 허세의 본고장이 군대다.

구역을 넘나드는 깡패 선임들

군대는 말단의 분대에서 소대, 중대, 대대, 연대, 사단, 군단, 군사령부에 이르기까지 무수한 조직이 모여 상위 조직을 구성한다. 간부의 경우 자기가 속한 제대를 떠나 계급과 기수에 따라 선후배 관계를 따지지만, 병들의 경우 통상 중대 단위로 선·후임의 범위를 정한다. 아주 예전에는 주 단위로 선·후임을 나누기도 했지만 대다수 부대는 1개월을 기준으로 나눈다. 일부 부대에서는 내무 부조리를 근절하기 위해 시범적으로 3개월 단위나 입대 연도를 기준으로 나누려는 시도도 있었지만 대부분은 월로 나눈다. 그리고 다른 중대 소속의 병들과는 선·후임을 기준을 두지 않고 '아저씨'라고 호칭하기도 했지만 점점 '전우님'이라는 호칭으로 바뀌고 있다.

병들이 신경 써야 하는 선임과 후임의 범위는 통상적으로 자신이 속한 분대와 소대까지가 1차적 범위이고 2차적으로는 중대장이라는 직속상관의 동일 명령과 지휘를 받는 중대까지를 선·후임 관계의 범위라고 생각해야 한다. 중대가 다르고 대대가 다른 선임은 그냥 '전우'일 뿐이다.

따라서 여러분의 군 생활에서 가장 밀접한 관계를 갖는 선·후임 관계는 통상 1차적 범위다. 하지만 간혹 2차적 범위에 있는 선임들 중에 구역을 넘어 깡패처럼 괴롭히는 악질 선임들도 존재한다. 만일 다른 소대의 선임이 그런다면 대개 어떤 식으로 괴롭힐까? 그리고 그럴 때는 어떻게 대처해야 할까?

일반적인 내무 생활은 분대와 소대 단위로 생활관에서 이뤄진다. 특히 GOP나 격오지 근무의 경우 소대 단독의 내무 생활을 한다. 내무 생활에는 여러 가지가 있다. GOP와 부대가 머무르는 주둔지 경계, 대대나 중대 단위의 체육 활동, 작업, 담당 구역 청소, 물자 정비 등이 내무 생활에 해당된다. 같은 중대지만 제설 작업이나 담당 구역 청소는 소대별로 마찰이 생길 수 있다. 그리고 소대 단위로 경쟁해야 하는 중대체육대회도 소대별로 마찰이 생기곤 한다. 자기가 속한 분대나 소대를 위해 선임병이나 분대장, 소대장의 지시를 따랐는데 여기에 앙심을 품고 괴롭히는 다른 소대의 '깡패 선임'은 어디에나 존재한다. 또 전방이 아닌 후방 부대의 경우 중대원이 고작 10명이라 타 중대나 타 대대 선임들과도 선·후임 관계가 생긴다. 이때도 중대와 대대를 넘어 괴롭히는 깡패 선임들이 반드시 있다.

왜 이런 구역을 초월하는 깡패 선임들이 생기는 걸까? 그것은 내무 생활에서 소규모 조직 간 발생하는 이해관계와 마찰 때문이다. 예를 들면 공용으로 사용하는 빨래건조장에서 빨래집게가 부족해 다른 소대의 빨래집게를 사용한다든지, 담당 청소 구역의 청소 상태나 경계를 두고 대립한다든지, 휴가증이 걸린 경기에서 패할 경우 여기에 불만을 품고 다른 소대 후임들을 괴롭히려는 심리가 발생한다.

사회학이나 심리학에서는 이를 가리켜 '내 집단 선호'라고 부른다. 우리 사회에서는 연고전 같은 대학별 리그나 시합에서도 비슷한 모습을 볼 수 있다. 내가 일본 유학을 하던 시절에는 '6대학 야구연맹'이란게 있었다. 1903년 와세다대학과 게이오대학의 대항전에서 유래된 오래된 명문 대학 간 경기로, 도쿄에 소재한 도쿄대학, 와세다대학, 게이오대학, 메이지대학, 호세대학, 릿쿄대학이 야구리그전을 벌인다. 이 리그전이 열리는 시기가 되면 학교 간 분위기도 매우 뜨거워진다. 내가 다녔던 메이지대학은 경기에서 승리를 한 다음 날엔 학교의 상징색인 남보라색의 수건이나 학교 관련 기념품이 교내 매점에서 불티나게 팔려나갔다.

군대에서도 이런 현상이 비슷하게 나타난다. 그래서 소대별 대항 경기에서 진 소대의 선임들이 후임들을 괴롭히거나 책임 구역의 문제로 더 꼬투리를 잡는 것이다. 군대가 다른 점이 있다면 소대장의 짬밥이 누가 더 높은가 하는 요소가 추가된다는 것뿐이다. 이 경우 다른 소대 선임병의 괴롭힘에서 조금이라도 멀어지고 싶다면 우선은 내가 속한 소대와 다른 소대를 구분하는 벽을 낮춰야 한다. 깡패 같은 선임이지만 그 선임의 소대 측에 서려는 모습을 보여줘야 한다. 그러기 전에 자신의 선임에게 먼저 보고하는 것은 더 큰 분란만 일으킨다.

그 이유는 자칫 선임들 간의 짬밥 싸움으로 번질 수 있기 때문이다. 다른 소대 선임에게 접근하려고 노력했지만 해결되지 않았을 경우는 분대장과 소대장에게 그 사실을 보고하라. 군대는 보고도 순서가 있다. 제일 먼저 분대장, 그다음 소대장에게 보고한다. 그래도 해결되지 않는다면 중대의 어머니와 같은 행정보급관에게 보고하라. 오랜 군 경험에서 나온 '군로몬'의 지혜가 여러분을 도와줄 것이다.

때로는
쇼맨십도 필요하다

+

자대 생활을 시작할 때 필요한 것은 앞서도 말했지만 긴장과 여유
다. 긴장과 여유를 반복함으로써 선임들로부터 좋은 이미지를 쌓아야
한다. 그런 다음에는 그 좋은 이미지를 활용해 선임병들로부터 인정받
는 후임이 돼야 한다. 이병이나 일병이 군 생활을 얼마나 알며 얼마나
잘하겠느냐만, 선임병들로부터 인정받는다는 건 군 생활 동안 위와 아
래의 신뢰를 받고 안전하게 제대한다는 것을 의미한다. 코앞의 편의만
을 위해 행동한다든지, 대수롭지 않은 이유로 열외한다면 선임들은 그
후임을 조직의 일원으로 인정하지 않는다. 후임병들 또한 그런 선임병
을 선임으로 인정하려들지 않는다. 최악의 경우, 조직의 분위기에 편승
하려고 노력하더라도 임 병장 사건에서처럼 동료들로부터 멀어져 해

병대의 기수열외 같은 집단 따돌림을 당할지도 모른다.

그렇다고 자신의 능력과 한계 이상으로 무리해서 군 생활에 모든 것을 올인하라는 이야기는 아니다. 과유불급, 즉 지나친 것보단 부족한 게 낫다는 말처럼 어느 정도의 선을 지켜야 한다. 할 수 있는 범위에서 노력하되, 그 범위를 넘어서는 걸 요구받는다면 이때는 어쩔 수 없이 '쇼'가 필요하다.

허세와 비슷하게 군대에서 중요한 것은 쇼맨십이다. 누군가에게 그럴싸하게 보이는 능력 또한 군에서는 아주 중요한 능력이다. 때론 다재다능할 필요도 있다. 물론 다 잘할 수는 없지만 무대 위에 선 예능인이 돼야 한다.

비굴하고 비참한 이야기지만 개가 되라면 개가 되는 시늉을 해야 하는 것이다.

개가 되라면 정말 개가 되어야 하는가?

미국의 심리학자이자 철학자인 에이브러햄 매슬로는 인간의 욕구를 생리적 욕구, 안전의 욕구, 사회적 욕구, 존경의 욕구, 자아실현의 욕구 5단계로 구별했다. 인간은 생리적 욕구가 해결되면 안전의 욕구를, 안전의 욕구가 해결되면 사회적 욕구를 추구하는 식으로 욕구의 단계가 올라간다.

그렇다면 군대는 어떨까? 군대란 곳은 의식주와 안전에 대한 욕구가 민간 사회에 비해 완벽하게 해결되진 않지만 삶을 영위할 기본적인 수준은 충족한다. 특히 선임이 돼 짬밥이 높아질수록 사회적 욕구와 존경의 욕구가 강해진다. 직업군인인 간부들의 경우는 자아실현의 욕구도 강하게 나타난다. '짬밥이 높다' 또는 '짬밥이 된다'는 말은 선임병으로서 자신의 계급과 지위에 대한 존경과 타인에 대한 지배 욕구가 높다고 말할 수 있다.

실제로 2014년 윤 일병 사건에서 가해자 이 병장은 그들이 속한 의무대에서 왕과 같이 행동했다. 반대로 윤 일병은 개처럼 행동하기를 강요받았다. 이렇게 확연하게 차이가 나는, 권력을 쥔 자와 그렇지 못한 자의 간극은 결국 한 사람의 생명이 사라지는 엄청난 결과를 초래했다. 피해자 윤 일병은 특별히 문제가 있었던 병사도 아니었다. 중산층 정도의 유복한 가정환경에서 자라 대학 재학 중에 입대한 평범한 청년이었다. 오히려 이 병장이 폭력적인 성향으로 신병 교육에서 관심병사로 지정됐었다. 관심병사는 남의 이야기가 아니다. 멀쩡한 사람도 군에서는 관심병사가 될 수 있다.

디펜스21플러스의 김종대 편집장은 오늘날의 병영 문화를 '썩은 사과 골라내기'란 표현으로 이야기하곤 한다. "전쟁이 없는 휴전 상태 이후 우리 군에서 사망한 군인은 6만 명이나 된다. 그래서인지 사람들의 머릿속에 군대는 원래 사람이 죽고 폭력이 용인되는 곳으로 이해되는 것 같다. 하지만 다행히 민주화 이후 병들의 사망 사고나 부상은 많이 감소했다. 민주화 이전의 군대에서 병은 단지 보급품에 지나지 않았다. 사망 사고가 줄었다고 한국 군대가 좋아졌다고 할 순 없다. 전시도 아닌데 청년들이 죽는 것은 비정상적이기 때문이다. 군대의 사망 유형과 성격이 시대에 따라 바뀌었을 뿐 여전히 이어져오고 있다. 민주화 이후에 나타난 군대의 죽음, 임 병장 사건과 윤 일병 사건은 외부와 격리되고 폐쇄된 소규모 집단의 '작은 질서'에서 시작됐다."

그에 따르면 과거의 병영 문화는 선임병이 다수의 후임병을 구타하거나 지적을 하며 괴롭혔다. 이는 상당히 불합리하고 위험한 폭력이다. 불만이 쌓인 다수의 후임이 선임에게 반기를 들 수 있기 때문이다. 하지만 오늘날의 병영에서는 다수가 한 명 또는 소수에게 집단적으로 폭력을 행사한다. 일본의 사회학자 나이토 아사오 교수가 말한 '군생 질서(群生秩序)'처럼 하나의 질서가 다른 질서를 누르고 주된 질서로 자리 잡으면서, 누가 리더가 되고 누가 처벌돼야 하는지를 정하는 새로운 규칙이 만들어지고 이 규칙에 구성원들이 복종하는 것이다.

윤 일병 사건도 이 병장이 의무대의 최고선임이 되면서 이 병장을 중심으로 한 호감과 배제가 조직의 규칙으로 정해졌고, 조직의 가장 바닥이었던 윤 일병은 집단 처벌의 대상이 돼버렸다. 이것이 '썩은 사과 골라내기'다. 썩은 사과 하나가 전체 사과 상자의 가격을 깎아내릴 수도 있다는 집단 심리를 조성하는 것이다. "저 놈 하나 때문에 우리 전체가 욕먹는다"며 말이다.

실제로 윤 일병은 이 병장이 만들어낸 집단 규칙 속에서 죽을 때까지 고통을 받아야만 했다. 물론 이 병장의 말 한마디에 개가 되라면 개가 돼야 했던 윤 일병의 지옥 같은 병영 생활을 군대 전체의 모습이라고 말할 순 없다. 하지만 요즘 청년들의 불안한 심리가 병영 생활에 어느 정도 녹아 있는 이상, 여기서 벗어날 방법은 없는가? 정말 선임병이 개가 되라고 하면 개가 될 수밖에 없는가?

억울하다면 증거를 확보하라

부대에는 '소원수리'라는 제도가 있다. 군 생활 중에 겪는 고충이나 병영과 내무 생활에서 개선돼야 할 것들을 건의하는 제도다. 통상은 화장실 같은 곳에 비치된 소원수리함 상자에 건의한 메모를 넣거나 부대집중정신교육 또는 부대정밀진단 같은 행사가 있을 때 무기명으로 쓴 내용을 간부들이 접수한다.

부대 자체적으로 병 개인의 문제를 찾고 해결하려는 목적으로 만들어진 제도지만, 사실 그 효용성은 극히 떨어진다. 부대를 지휘하는 간부가 얼마나 현명한가, 소원수리를 제시한 병의 비밀을 얼마나 보장해주는가에 따라 제도의 효용성이 달라진다. 하지만 그런 노력이 있더라도 군대라는 폐쇄된 조직에서는 누가 어떤 소원수리를 제시했는지 금방 알아낼 수 있다. 따라서 실제 활용 빈도는 낮다고 볼 수 있다.

내가 중대장으로 근무할 때도 소원수리제도와 소원수리함을 운영했다. 하지만 소원수리함은 대개 텅텅 비어 있었고 간부들을 놀리기라도 하듯 쓰레기가 차 있는 경우도 많았다. 물론 열성적인 지휘관들은 소원수리함에 담긴 내용을 해결하기 위해 많이 고민하고 익명을 보장하기 위한 여러 방법도 연구한다. 그러나 대부분의 지휘관들은 단순한 사고 예방 차원에서 자료로 참고할 뿐이다. 직무에 태만한 지휘관들은 아예 소원수리함에 지휘관이 곤란해질 수 있는 내용을 쓰지 말라는 교육을 하거나, 심지어는 소원수리를 제시한 병을 찾아내 혼을 내기도 한다. 소원수리는 지휘관 개인의 신변과 지휘 책임을 면할 수단에 머물러 있는 실정이다.

만일 여러분이 긴장과 여유를 갖고 인정받기 위해 노력하는데도 불구하고 선임과 동료들에게 구타나 가혹 행위 같은 부당한 대우를 받는다면, 첫 번째로 명심할 점은 바로 '내 탓이오'라는 생각을 버리라는 것이다. 소규모 조직 내에서 괴롭힘을 계속 당하다 보면 어느덧 자신도 폭력을 당하는 것을 정당하게 생각하고 받아들이게 된다. 모든 게 자기 잘못인 것처럼 생각하게 된다.

그렇게 정신적 피로가 쌓이고 수용만 하다 보면 윤 일병처럼 되거나, 꾹 참다가 폭발하면 임 병장처럼 된다. 군대는 길어야 2년이다. 사회인으로 누릴 기간이 훨씬 더 길다. 즉, 군대는 인생에서 아주 잠시의 순간이자 지나치는 과정일 뿐이다. 대부분의 청년들은 이 시기가 어렵더라도 충분히 극복해나갈 수 있다. 하지만 그렇지 못한 청년들은 2년이라는 시간이 지옥과 같을지 모른다. 심지어 자살 같은 극단적 방법이나 상급자 모독 또는 상급자에 대한 폭행으로 군사법원에 회부될 수도 있다. 그중 어떤 것도 여러분과 여러분의 부모, 형제들에게 커다란 고통을 준다. 윤 일병의 부모님이나 자살로 생을 마감한 장병들의 부모님을 만날 때마다 느끼는 점은 남아 있는 사람의 고통은 결코 씻겨 나가지 않는다는 것이다. 모든 문제를 내 탓으로 돌리려는 멍청한 생각은 버려라. 당하기만 하는 게 억울하지 않은가?

두 번째로 중요한 것은 '증거 확보'다. 군대의 병영생활강령에는 분대장을 제외한 병 상호 간의 간섭과 지시를 금지한다. 즉, 분대장을 제외한 그 어떤 병들도 훈련이나 임무에서 선·후임 관계에 따른 지시 외에는 간섭과 지시를 할 수 없다. 이것을 어긴다면 항명과 같다. 범죄라는 것이다. 그렇다면 범죄를 인정받기 위해서는 증거가 필요하다. 단순히 증거를 만드는 게 아니라 공증받을 수 있는 증거로 만들어야 한다. 하지만 말단의 병이 폐쇄된 군대에서 외부에 문제를 발설하거나 공증된 증거를 만들기는 쉽지 않다. 군인은 군 내부의 문제를 지휘 관계에 있는 지휘자 및 지휘관 외에 발설할 수 없기 때문에 외부에 함부로 발설할 수 없다.

물론 전혀 방법이 없는 건 아니다. 우선은 자신이 당한 부조리를 기록하라. 하지만 군대에서 지급하는 '수양록'에는 기록하지 마라. 윤 일병 사건의 경우 이 병장을 비롯한 선임들이 윤 일병의 수양록 중에 문제가 되는 내용을 찾아내 찢어서 없애버렸다. 여러분만의 비밀 기록이 필요하다.

비밀 기록을 위해 가장 좋은 방법은 믿을 만한 친구나 형제에게 편지로 기록을 남겨서 전하는 것이다. 그들에게 비밀을 유지해달라는 부탁을 하면 대부분은 비밀을 지켜줄 것이다. 이메일이 익숙한 세대라 손으로 쓰는 편지가 익숙하지 않겠지만, 군에서 예전처럼 편지를 검열하는 경우는 거의 없다. '사지방'이라고 불리는 사이버지식방에서 인터넷을 활용할 수 있겠지만 정보통신 보안을 이유로 사용이 제한되거나 불시로 검열하는 경우가 있다. 지금은 사용자가 거의 없는 싸이월

드지만 내가 군에서 복무할 때는 싸이월드를 이용한 사례가 많았다. 하지만 내 경우 제대 직전에 대대장과의 불화를 싸이월드에 올렸다가 기무사 조사를 받을 뻔한 적이 있다. 군대 내에서 전산과 전화로 타인에게 알리는 것은 더욱 위험하다. 믿을 만한 지인들에게 편지를 보내고, 보낸 편지들은 휴가를 이용해 모아서 보관하라.

군 내부의 사람들을 통해 증거를 남기는 방법도 있다. 여러분처럼 부대 내에서 고충을 겪는 사람은 분명 있다. 사람은 비슷한 처지끼리 잘 뭉치는 경향이 있으며 서로 돕기도 한다. 여러분이 소속된 중대가 아닌 근접 중대 소속의 전우나 동기들에게 조심스럽게 고충을 이야기하라. 그리고 그들의 이야기를 경청하라. 윤 일병 사건 때는 자칫 선임들의 가혹 행위가 묻힐 뻔했지만, 의외의 증인이 나타나 부조리를 증언해줬다. 그는 "윤 일병이 자신도 밥을 먹지 못했는데 내 식사를 챙겨줬다. 부조리에 대해 침묵하는 것은 내 양심이 허락하지 않는다"며 어려운 결정을 내리고 군사법원에서 증언을 했다.

또 다른 군대 내 조력자는 병영생활상담관이다. 민간인들이지만 부대를 방문하며 장병들의 고충을 듣고 상담을 해주는 전문 상담사들이다. 지휘관이나 지휘자 같은 군인들보다 상담의 전문가이며 비밀을 보장해주는 사람들이다. 하지만 너무 신뢰하지는 마라. 개중에는 군 출신의 상담관들도 있다. 여러분의 지휘관들과 같이 근무한 경험이 있거나 친밀도가 높다면 은연중 여러분의 지휘관에게 상담 내용이 흘러갈 수 있다.

군대 내에서 가장 신뢰할 상대는 군종장교들이다. 대부분 신부, 목사, 법사 등 종교인으로 군에서 복무하는 사람들이다. 이들은 종교인으로서 신자에 대한 보호 의무를 중요시한다. 종교가 없는 장병들에겐 가톨릭 군종신부와의 상담을 추천한다. 군종신부들 대부분은 병 생활을 경험한 후 사제서품을 받고 장교로 복무하는 경우가 많다. 그래서 병들의 고충을 그 누구보다 잘 이해한다. 또한 고해성사를 이용한다면 얼굴을 숨긴 채 편하게 상담을 할 수 있다. 군종신부뿐만 아니라 대부분의 군종장교들은 항상 열린 마음을 가지고 여러분을 따뜻하게 맞아줄 것이다. 힘든 군 생활에서 종파를 떠나 종교를 갖는 것도 사실 큰 도움이 된다.

이렇게 증거 기록과 타인을 통한 공증이 이뤄졌다면 티를 내지 말고 참아야 한다. 이것이 군대에서 살아남기 위한 진정한 쇼맨십이다. 가급적이면 군에서 당한 부조리에 대해 알리지 말고 제대할 때까지 참아라. 사소한 일로 선임병과 부대의 문제를 외부에 알리는 것도 옳지 않지만, 자칫 선의의 신고도 부메랑이 돼 돌아올 수 있기 때문이다.

윤 일병 사건의 가해자였던 이 병장도 한때는 나이가 많다는 이유로 선임들로부터 괴롭힘을 당했다. 이 병장도 후임병 시절 자신이 당한 부조리를 신고했다가 선임들로부터 배신자라는 낙인이 찍혔고 결국 소속이 다른 의무대로 전출을 당했다. 그러니 참을 수 있을 만큼 참아라.

하지만 죽고 싶을 정도로 힘들다면 어쩔 수 없이 신고해야 한다. 신고를 하는 방법 중 가장 큰 힘이 되는 것은 군대 내에 설치된 '국방헬프콜'과 군 외부의 민간단체인 군인권센터가 운영하는 '아미콜'이 있다. 국방헬프콜은 국방부조사본부가 병영 생활 고충, 군 범죄 등에 대한 신고 및 상담을 원스톱으로 제공하기 위해 만들어진 제도다. 본인이 신고하기 힘들다면 부모나 지인이 신고할 수 있다. 신고와 상담은 국번 없이 1303으로 모든 전화로 걸 수 있다.

국방헬프콜도 불안하다면 군인권센터가 운영하는 아미콜을 이용하자. 군인권센터는 임 병장 사건이나 윤 일병 사건 외에도 군대의 인권 문제와 관련해 적극적으로 활동하는 단체로, 국내 군 관련 인권운동기관 중에서는 가장 활발하게 움직이는 민간기구다. 오랜 인권운동 경험을 통해 든든한 방패막이 돼줄 것이다. 군인권센터의 홈페이지 주소는 www.mhrk.org이고 연락처는 02-733-7119다. 군인권센터는 아미콜 외에도 입대 전 청년들을 대상으로 하는 '예비입영자 인권학교'도 운영하고 있다.

03

철저한 성과주의 조직에서 살아남는 법

+

앞서 자대에 배치되는 순간부터 긴장과 여유를 함께 갖고 동료들에게 긍정적 이미지를 심어주면서 선임병들에게 인정받는 후임이 되라고 이야기했다. 그리고 그런 노력에도 불구하고 요즘 청년들의 군생심리의 문제로 발생하는 집단 따돌림과 가혹 행위 같은 부조리에 항거하는 대처법들도 살펴봤다. 이제는 자대 생활에서 벌어지는 소소한 일상의 이야기를 해볼까 한다. 무겁지 않고 가볍게 읽어도 좋을 병영 생활에서의 팁으로 보면 좋을 것이다.

모든 일에는 반대급부가 따른다

군대도 예전과는 많이 달라져서, 사소한 작업에도 반대급부가 주어진다. 군대는 엄밀히 이야기하면 자기계발을 위해 거쳐가는 과정이 아니다. 본인의 의지와 상관없이 국민으로서 부여받은 국방의 의무를 수동적으로 이행하는 과정이다. 그리고 그런 의무를 이행한다는 이유로 군 복무에 대한 정당한 보상도 거의 이뤄지지 않는 게 사실이지만, 요즘 청년들의 의식이 조금씩 반영되면서 군대 문화도 느리지만 점점 바뀌고 있다.

앞서 살펴봤듯이 요즘 청년들은 차별과 배제를 합리화하지만 이들이 만들어가는 병영 문화가 의외로 합리적인 부분도 있다. 때론 그 합리성이 철저히 계산적이란 생각도 들지만 말이다. 아직도 현역에 있는 지인들로부터 요즘 병들은 예전보다 다루기 쉬운 듯 쉽지 않다는 말을 듣는다. 제초 작업 하나를 하더라도 인센티브가 주어지지 않으면 제대로 움직이지 않는다는 것이다. 요즘 대학생들이 과제나 발표를 할 때 교수가 지정해준 부분만 딱 준비하는 것처럼 그들은 정해진 틀에서만 생각할 뿐 넓게 보지 못한다.

그렇다면 병영 생활 속에서 이뤄지는 반대급부, 즉 주고받기는 무엇일까? 병영 내의 반대급부는 좋은 것도 있고 나쁜 것도 있다. 나쁜 것을 먼저 이야기하면 바로 금전거출을 들 수 있다. 금전거출은 군에서 금지하는 악습이지만 사라지지 않고 끈질기게 남아 있다. 예를 들면 예전에는 전역하는 고참들을 위해 '추억록'이라는 것을 만들었다.

돈을 거출해 전역 예정자에게 군 생활 동안 찍은 사진이나 기념될 만한 것들을 앨범이나 상자에 담아 선물하는 것이다. 장교의 경우 10여 년 전만 하더라도 후배들이 선배들의 임관반지를 맞춰주는 전통이 있었지만, 현재는 악습 철폐라는 이유로 모습을 감췄다. 전역하는 병의 입장에서는 후임 시절 자기도 했기 때문에 당연히 받아야 한다고 생각할지 모르지만, 병력 감축이나 부대 개편으로 금전을 거출하고 받지 못하는 경우가 발생한다.

그런데 이 병 세계의 '계'와 같은 추억록이 형태를 달리해 내려오고 있다. 내가 취재를 마치고 동서울버스터미널에 내렸을 때였다. 좀 기이한 풍경이 눈에 들어왔다. 육군에게는 신형 전투복 보급과 함께 베레모가 지급되는데, 육군 병장들이 디지털 무늬의 전투모에 금색으로 번쩍거리는 장식물을 부착하고 마크사 입구에서 나오는 것이다. 번쩍이는 장식물은 다름 아닌 예비군 마크였다. 커다랗고 번쩍거리는 예비군 마크가 붙은 전투모는 마치 힙합 음악을 하는 래퍼의 스냅백이라는 모자를 연상케 했다. 모자의 뒷면에는 한자로 알록달록 수가 놓여 있었는데, 여러 사람의 계급과 이름들이었다.

분명 육군의 복제에는 없는 전투모에 금속으로 빛나는 예비군 마크는 난생처음 보는 것이었다. 나도 모르게 그들에게 다가가 "저, 죄송한데요. 그 번쩍이는 모자는 무엇인가요?"라고 물었다. 그러자 그중 한 명이 이렇게 말했다.

"아, 이거 요즘 전역자들 사이에서 유행이에요. 예전 선배들은 전역하면 전투모에 예비군 마크를 받았잖아요. 요즘엔 금속으로 된 예비군 마크를 붙여서 전역 기념 모자로 쓰는 거죠. 뒤에 수놓은 계급과 이름은 이걸 만들어준 후임들의 이름이고요. 이런 것 하나 정도는 받아야 군 생활을 같이한 추억도 남기고 후임들로부터 존경을 받았다고 하지 않겠어요."

나중에 안 사실이지만 전역모라는 그 모자는 약 5만 원 정도를 호가했다. 병들의 빈약한 월급을 생각하면 그리 적은 돈도 아니었다. 추억록이 모양만 바뀌었을 뿐, 선·후임 간의 불필요한 금전거출 악습은 여전히 내려오고 있었다.

하지만 병영 내 존재하는 반대급부에는 긍정적인 것도 있다. 내가 소대장이었던 시절, 홍익대 미대에 다니다가 입대한 고참병이 있었다. 심성이 원체 곱고 합리적인 성격을 지녔던 그는 나를 비롯해 전 소대원의 캐리커처를 그려줬다. 때때로 여자 친구와 관계가 나빠진 후임들에겐 여자 친구의 캐리커처를 그려 후임병들의 편지에 넣어주기도 했다.

그런데 어느 날 휴가를 다녀온 한 후임병이 그 고참병에게 작은 쇼핑백 하나를 건넸다. 무엇이 들어 있는지 살펴봤더니 물을 바르면 수채화 효과를 낼 수 있는 색연필이 들어 있었다. 후임병은 자신과 여자 친구를 그려준 선임이 고마워서 복귀 하루 전날 화방에서 색연필을 사왔던 것이다. 후임병이 선물을 한 것은 강요도 아니었고 마음에서 우러난 것이었다.

또 다른 미담으로, 경계근무를 다녀왔다가 식사를 놓친 선임병에게 후임병이 그날 나온 식사 메뉴를 따로 조리해서 챙겨놓았다가 전한 일이 있었다. 행동이 굼떠서 매번 혼나기 일쑤였던 그 후임병은 중대 생활에 어려움을 겪어 취사병으로 보직이 변경됐지만 그래도 내무 생활은 힘들었다. 열외가 많다는 이유로 혼이 많이 났었는데 선임병이 "이 자식, 내가 책임지고 혼낼 테니 아무도 건드리지 마"라고 이야기하면서 실제로는 따로 데려가 격려해줬다고 한다. 후임병은 선임병의 그런 배려가 고마워 식사를 챙겨준 것이다.

이렇듯 병들의 세계에서는 그들만이 할 수 있는 상부상조의 반대급부가 존재한다. 심리학에서는 이것을 '호혜의 법칙'이라고 이야기한다. 병이라는 신분을 넘어서는 호혜와 선의는 안 하느니만 못하지만, 마음에서 우러난 호의와 배려는 힘든 군 생활에서 활력으로 작용한다. 사람은 도움을 받으면 갚아야 한다는 생각을 하게 된다. 지독한 선임이 있는 반면 심성이 고운 선임도 있다. 선한 선임들에게는 여러분의 호의가 호의로 잘 전달될 것이다. 목적을 의식해 무리하게 베푸는 호의는 혼자만의 호의로 끝난다. 서로가 상대의 호의를 느낄 때라야 그 힘이 몇 배로 커지는 것이다.

간혹 호의를 잊어버리는 경우도 있다. 이럴 때는 티 나지 않게 상대에게 기억을 상기시키는 것이 좋다. 담배를 피우는 선임병이라면 같이 담배를 피우면서 마음이 편해질 때 이야기를 꺼낸다든가, 운동을 좋아하는 선임병이라면 같이 운동을 한 후 자연스럽게 기억을 상기시키면 된다. 여러분이 정말 곤란할 때 그들은 여러분을 도울 것이다. 큰 도움을 주진 못하더라도 적어도 여러분의 이야기를 가볍게 듣진 않는다. 선의의 반대급부를 꼭 실천하도록 하라.

성과와 합리성이라는 이름에 가려지는 것들

군대는 일반 기업과 달리 재화나 용역을 생산해내거나 이윤을 추구하지 않는 단체다. 국방의 의무를 국방의 서비스라고 본다면 용역을 생산한다고 볼 수 있지만 일반 국민들이 체감할 수 있는 서비스도 아니고 대가나 이윤을 추구하지도 않으므로 용역이라고 보긴 힘들다. 그렇지만 군대는 성과를 중요시한다. 그리고 성과를 내기 위해 합리성과 능률을 중요하게 여긴다.

군대에서의 성과는 평시에는 전쟁에 대비한 각 부대별로 실시하는 각종 훈련과 검열에 대한 평가가 성과로 인정되고, 전시에는 적과 싸워 이기는 것으로 성과를 인정받는다. 우리나라는 휴전 상태인 분단국가다. 대한민국의 상태는 평시도 전시도 아닌 애매한 상태다. 1953년 7월 27일 휴전조약 승인 이후로 높은 상태의 긴장과 북한의 도발이 이어지고 있지만 전투가 지속적으로 이어지는 전시 상황은 아니다. 그런 상황 때문에 한국군은 겉으로는 전시와 같은 긴장감을 내세우지만, 내부적으로

군대는 철저한 성과주의 조직이다. 과정의 순수성도 높이 평가하지만 모든 것은 결과물이다. 냉혹한 생존의 장이다. 목표와 결과와 보상, 세 가지만이 존재한다. 당신이 목표와 결과를 훌륭히 달성했다면 그 보상을 당당히 요구하라.

는 부대 관리 같은 행정적인 부분에 집중하는 기묘한 모습을 하고 있다. 간부들의 의식도 실전적이기보다는 행정적인 관료의 모습에 더 가깝다.

조직의 성과는 훈련과 검열, 행정 서류의 정리 등에 국한돼가고 있으며 싸우는 군대에서 요구되는 합리성이나 창조성과는 점점 거리가 멀어지고 있다. 그러면서도 조직의 능률성을 높이기 위해 합리성을 강조하지만 실질적으로는 각 조직 간의 과도한 성과 경쟁에 빠져 있다. 이런 군 조직의 성격이 간부들의 의식을 가두고 있고 그렇게 꽉 막힌 사고가 병들마저 저수지에 고인 물로 만들고 있다. 병들은 간부들의 갑갑한 사고를 부정하면서도 계급이 높아질수록 그들의 사고를 모방하려 한다. 아마 여러분도 후임에서 선임으로 넘어갈 때쯤이면 자기도 모르게 저수지에 고인 물을 흉내 내려 할 것이다. 이때는 성과와 합리성이라는 이름으로 여러분이 잃어가는 것이 무엇인지 되돌아봐야 한다.

부대마다 조금씩 다르겠지만 군번이 빨리 풀리는 경우가 있다. 군번은 군 입대 후에 부여받는 번호로 일명 '개목걸이'로 불리는 인식표에 새겨져 있는 번호다. 자신이 입대한 연도와 군사특기, 이름과 혈액형이 기록돼 있는데, 군대에서는 입대한 순서에 따라 빨리 입대할수록 군번이 빠르다고 한다.

장교들의 경우 임관 연도와 출신 서열, 임관 성적 순으로 군번이 서열화돼 있지만 병들의 경우는 입대 연도와 군사특기로 군번이 정해진다. 그런데 병들의 세계에서는 '1월 군번', '2월 군번'이라는 말을 많이 쓴다. 군번에는 표기돼 있지 않지만 자신이 입대한 월을 내세워 서열을 정할 때 '몇 월 군번'이라고 이야기하는 것이다. 그래서 병들의 세계에서 군번이 빨리 풀린다는 건 후임 생활이 빨리 끝나 선임이 된다는 이야기다. 반대로 군번이 늦게 풀렸다는 말은 상병이 돼도 짬밥이 안 돼 후임에 속하는 경우를 말한다. 마지막으로 군번이 꼬였다는 말은 선임병과 후임병의 교체가 거의 없다가 갑자기 확 바뀔 때 쓰는 말이다. 이 외에도 '아버지 군번', '할아버지 군번'이라는 말도 있는데 정확하게 1년 선임을 아버지, 2년 선임을 할아버지라고 부른다. 반대로 1년 후임은 아들, 2년 후임은 손자라고 부른다. 이제는 복무 기간이 육군 기준으로 21개월로 줄어들었기 때문에 할아버지와 손자라는 용어는 거의 사라졌다.

성과와 합리성이라는 이야기를 하면서 병들의 군번 이야기를 길게 설명했다. 여러분이 이런 이야기를 듣게 될 때면 이미 후임에서 선임으로 넘어가는 과도기에 들어 어느 정도 군대 문화에 적응이 됐음을 의미한다. 흔히 후임 시절이 가장 괴롭다고 생각하지만 선임병도 나름 고충이 있다. 그중 제일 힘든 시기가 바로 이 과도기 시절이다. 특히 군번이 갑자기 풀릴 때는 상당히 당혹스럽다.

2013년 변경된 병 진급 기간은 이병에서 일병 진급 3개월, 일병에서 상병 진급 7개월, 상병에서 병장 진급 7개월, 병장에서 제대까지는 4개월이다. 조기진급을 한 경우라면 일병에서 상병까지는 최소 4개월, 상병에서 병장은 6개월로 진급 기간이 줄어든다. 빠르게 진급할 경우 4개월이나 빨리 병장으로 진급하게 된다. 갑자기 군번이 풀리거나 조기진급으로 계급이 올라도 절대 좋은 것만은 아니다. 군대라는 조직이 요구하는 성과와 합리성 때문에 부담이 더 커진다. 짬밥과 계급은 기간보다 그에 걸맞은 행동과 사고가 따라야만 한다. 하지만 행동과 의식이 따라주지 않는 경우가 많다.

윤 일병 사건에서 가해자였던 이 병장은 사실 분대장이 아니었다. 이 병장은 소원수리를 했다가 배신자라는 낙인이 찍혀 타 부대로 쫓겨온 인물이었다. 계급에 맞는 행동과 사고를 갖추지 못한 채 진급한 아주 나쁜 예다. 내가 군 생활을 할 때 간혹 면담에서나 화장실에서 병들의 이야기를 엿듣게 되면 후임병 대다수가 "선임병 누구처럼은 되지 않을 거야"라고 말하는 것을 볼 수 있었다. 하지만 절반 정도는 그렇게 싫어했던 선임병의 모습을 그대로 닮아간다. 자신도 모르게 후임병이 생기지만 아직 자기 임무도 미숙하다. 후임병을 돌볼 여유가 없는 당신은 어느덧 미운 선임병의 모습을 닮아가며 후임들을 윽박지르거나 괴롭히고 있을 것이다.

그리고 일부 간부들의 위험천만한 사고가 여러분의 잘못된 행동을 합리화한다. 윤 일병에게 "군대에서 구타는 조직을 효율적으로 움직이기 위해 필요하다"고 이야기하며 구타와 가혹 행위에 가담한 유 하사 같은 간부는 소수긴 하지만 꼭 존재한다. 여러분에게 온화한 웃음을 건네는 계급이 높은 지휘관 중에서도 "사고가 나선 안 된다. 하지만 군기는 유지돼야 한다. 가혹 행위는 없어야 한다"는 교과서 같은 말을 꺼내지만 속으로는 '군에서 위아래의 군기는 존재해야지, 사고 안 날 정도라면 괜찮을 거야'라고 생각하는 사람들이 있다. 그들은 "우리 부대가 받아야 할 검열과 평가에서 윗분들의 눈에 나는 병이 나와서는 안 돼. 그러기 위해서는 부하 관리 잘해라. 선임병은 후임병 관리 잘해라" 라고 말한다.

그런 사고가 병들의 세계로 전파되고 병들의 부조리한 행동을 합리화한다. 물론 모든 간부와 선임병이 이렇게 성과를 위해 병영 생활의 부조리를 눈감아주는 건 아니다. 합리성이라는 이름의 부조리를 타파하기 위해 노력하는 간부와 선임병들도 있다. 그러나 대개 선한 사람들의 목소리는 겉에서만 맴돌 뿐, 속 깊게 들어가지 못한다.

중대장 시절, 인접 부대에서 발생한 자살미수 사건이 떠오른다. 사건의 경위는 이렇다. 신병교육대에서 관심이 필요하다는 평가를 받은 신병이 중대에 전입을 왔는데, 인지능력이 나빴는지 임무 숙지를 잘 못했다고 한다. 그러던 중 훈련 준비 사열을 사단장에게 하게 됐고, 선임병의 군장은 문제가 없었지만 이 신병의 군장에 있어야 할 물품이 빠져 있었다. 달랑 속옷 정도가 고작이었다. 결국 화가 난 중대장은 분대장을 닦달했고 분대장은 일병인 선임병에게 화를 내며 "후임 관리 잘해. 일병 나부랭이가 빠져서 이등병 짬찌(짬밥 찌끄레기) 하나 관리 못해!"라고 이야기했다. 결국 일병은 그 신병을 따로 불러 사정없이 구타했다.

그날 밤 신병은 몰래 화장실에 들어가 면도칼로 팔을 그었다. 다행히 깊지는 않았지만, 당직계통에서 신병의 자살미수를 즉시 보고했다. 부대가 난리가 났다. 중대장은 한밤중에 불려와 대대장에게 혼이 났고, 대대장은 구타한 선임병에게 "네가 고생이 많지. 힘들고 화났겠구

나. 알밤이라도 때려주지 그랬냐?"라며 추궁했다. 결국 선임병은 조금 때렸다고 대대장에게 털어놓았다. 그 선임병은 분대 내에서 꽤 괜찮은 평을 받던 병이었다. 하지만 대대장은 "구타를 하는 놈은 부대 관리 차원에서 용서 못 한다. 사고 예방을 위해 영창에 보내"라고 지시해 결국 그 선임병은 영창(전과 기록은 남지 않는다)에 끌려갔다.

간부들의 성과와 합리성은 평가와 부대 안정이다. 사고가 나지 않을 땐 병들의 문제는 조용히 덮이지만 사고가 발생하면 징계로 돌아온다. 후임병일 때 잘 참았다면 선임이 돼서도 참아야 한다. 불안한 감정은 행동으로 나타난다. 선임병은 군대의 성과와 합리성이 아니라 자기 인생의 성과와 합리성을 먼저 생각해야 한다.

4장

고참이라 힘들어요

+

여러분도 언젠가는 일병 말 상병 초의 선임병 반열에 들어설 것이다. 앞에서도 이야기했지만 짬밥이 높아지고, 군번이 풀리고, 진급을 해도 군 생활이 힘들고 괴로운 것은 마찬가지다. 여러분의 짬과 계급이 높아질수록 간부들이 요구하는 기대치도 늘어난다. 훈련과 작업은 대부분 큰 문제가 없이 적응하겠지만 문제는 사람이다. 분대장이 되면 분대원이라는 부하가 생기고, 분대장이 아닌 선임병은 업무를 수행하는 조장 혹은 사수로서 조원과 부사수를 지도해야 한다. 또한 언론을 통해 자주 접한 내용이겠지만 여러분의 분대원이나 조원, 부사수 중에 '보호관심병사'가 있을 수 있다.

보호관심병사는 말 그대로 보호해야 하고 관심을 가져야 할 병이다. 여러분의 안정적인 군 생활에 시한폭탄이 될 수도 있지만 마냥 겁낼 필요는 없다. 보호관심병사 대부분이 약간의 도움과 배려가 있으면 여러분의 뒤를 잘 따를 것이다. 물론 그렇지 않은 일부는 수많은 노력에도 불구하고 핵폭탄이 될 수 있다. 여기서는 선임병의 고충과 후임병 관리에 대한 노하우를 살펴볼 것이다.

일말상초의
샌드위치

+

옛날부터 군대에는 '일말상초'라는 말이 있다. 일병 말호봉과 상병 초호봉은 선임과 후임 사이에 샌드위치처럼 껴 있어 힘들다는 뜻이다. 부대마다 사정이 다르겠지만 평균적으로 입대 8개월에서 13개월이 되면 부대 내에서 중간 선임이 되는데 이는 선임도 후임도 아닌 어정쩡한 상태다. 내무 생활은 후임 때처럼 기죽어 지내거나 크게 눈치를 볼 필요는 없지만 대놓고 편하진 않다. 작업이나 훈련에서는 자질구레한 일에서 벗어나고 선임들의 간섭에서도 어느 정도 자유로워지지만, 군인으로서 어느 정도 능숙함을 보여줘야 하고 후임들을 챙기며 확인해야 하는 위치다. 후임의 실수는 곧 나의 실수요, 책임이 된다. 즉, 일말상초들은 병 세계의 '행동대장'이자 '군기반장'인 것이다. 샌드위치가 맛

있으려면 식빵 사이에 낀 햄이나 치즈의 맛이 좋아야 하듯, 일말상초
는 군에서 요구하는 것들이 가장 많아지는 시기이기에 짜증 나고 힘이
들기도 한다.

말 한마디로 사람을 움직이다

말이라는 것은 인간이 만들어낸 통신수단 중 가장 위대한 수단이
다. 뜻은 같지만 어떻게 표현하느냐에 따라 전혀 다른 영향과 결과를
가져온다. 군대에서의 말투는 일명 '다나까'로 불리는데 "…했습니다",
"…했나?", "…했습니까?" 등 딱딱하고 재미없는 말투다. 하지만 이런
말투라도 어떻게 하느냐에 따라 상대방
을 사로잡을 수도, 외면당할 수도 있다.

나와 같이 근무한 부하 중에 현재
자동차 영업맨으로 활동하는 이른바
'영업의 신'이라 불리는 녀석이 있었다.
영업이라고 하면 대부분은 수려한 외모
나 화려한 언변이 있어야만 높은 영업
실적을 낼 것이라고 생각하지만 이 친
구는 외모는 물론 언변도 결코 화려하
지 않았다.

하지만 그는 정말 평범한 군인처럼
말했을 뿐인데도 중대 내 거의 모든 선

일병 말호봉 상병 초호봉을 일말상초라고
한다. 행동대장이자 군기반장으로 가장 빠
르고 강한 시기이긴 하지만 후임 관리와 선
임 모시기로 샌드위치 속 으깬 샐러드처럼
힘든 시기다.

·후임병들이 그의 부탁이라면 다 들어줬다. 또한 영업의 신은 작업의 신이기도 했다. 주말이면 항상 늘씬한 미녀들이 면회를 왔고, 외출이나 외박을 나가면 꼭 여자들이 있는 테이블에 합석하곤 했다.

그를 오랫동안 본 결과 눈에 띄는 특징 하나를 파악할 수 있었다. 바로 '관찰'과 '부탁의 단계'라는 특징이었다. 그는 항상 부탁을 하기 전에 관찰을 먼저 했다. 예를 들면 부탁할 대상이 어떤 성격이고 어떤 취미가 있고 어떤 약점이 있는지 면밀하게 분석하는 것이다. 그리고 그런 정보를 통해 상대가 어떤 인물인지 판단이 서면 부탁의 단계라는 자신의 공식을 적용했다. 선임들에게는 통상 낮은 단계의 부탁에서 높은 단계의 부탁으로 넘어간다. 반면 후임들에게는 높은 단계의 부탁에서 낮은 단계의 부탁으로 접근했다. 항상 이런 식은 아니었지만 대부분은 이런 공식으로 부탁을 성공시켰다. 실은 나도 이 영업의 신에게 여러 번 당한 적이 있다.

그와 면담을 하던 어느 날 나는 이렇게 물었다.

"넌 어떻게 사람을 잘 홀리냐?"

"용산에서 용팔이 생활을 하면서 사람들을 많이 봐왔습니다. 고졸인 제가 말을 잘해봤자 얼마나 잘하겠습니까? 뭐라도 팔려고 심리학 관련 입문서를 좀 읽었는데, 부탁을 할 때는 낮은 부탁에서 시작해 점점 높은 부탁을 하는 방법과 처음에 높은 부탁을 하고 점차 부탁의 단계를 낮춰가는 두 가지 방법이 있더군요. 사람들은 사소한 부탁은 대부분 잘 들어줍니다. 처음엔 작은 부탁을 시작으로 그 사람의 기호나 공통점을 찾아 접근하면서 친근감을 표합니다. 그러면서 계속 부탁 단계를 높여가면 대부분 수락합니다. 하지만 상대가 저보다 아래거나 대하기 수월한 사람이라면 처음부터 높은 부탁을 합니다. 그러면 상대는 머뭇거리다가 타협안을 먼저 내놓죠. 이때 제가 원하는 부탁을 관철시키는 겁니다. 참, 중대장님은 후자에 속하십니다. 제대하시고 사회생활 하실 때 참고하십시오."

그는 피식 웃으며 노하우를 알려줬다. 실제로 일본 유학 시절과 기자 생활을 할 때 나 역시 그가 알려준 방법을 아주 유용하게 써먹었다. 군대에서 상급자나 후임병을 대할 때는 계급이 갖는 정당한 권위 아래 상대를 관찰하고 사람의 심리를 활용하는 게 중요하다. 이를 바탕으로 진실하고 담백하게 대한다면 아무리 어려운 사람이라도 충분히 포섭할 수 있다.

억울해도
'흔적 생각은 버려라

+

일말상초를 넘어가면 드디어 어느 정도 선임이라는 위치를 자연스럽게 인정받게 된다. 이제는 작업도 쉬엄쉬엄 하고, 훈련도 요령껏 하는 노하우도 쌓였다. 거기에 짬밥 대우를 받다 보니 그동안의 고생에 대한 보상 심리가 꿈틀대기 시작한다. 후임병 시절에 대한 보상을 받고 싶어 하는 것이다.

이런 심리는 제대한 예비역들에게도 고스란히 나타난다. 언론에 군대에서 구타 및 가혹 행위나 이를 견디지 못해 자살 또는 탈영한 장병의 이야기가 나오면, 흔히 피해자들에게 동정심을 표하면서도 "우리 때는 안 그랬는데 요즘은 너무 편해졌다", "이등별님들 살판났겠네", "군대에 친절함이 뭐냐? 군기가 생명이다. 편하면 군대냐?" 같은 댓글들이 상당히 많이 올라온다. 심지어 군에서 벌어진 사건 사고에 대해 내가 쓴 기사나 인터뷰에는 "기자 양반, 군대는 다녀왔나? 말 안 듣는 놈은 때려야 된다"는 댓글도 있었다.

이런 본전 생각은 정말 무식하고 야만적인 발상이다. 군대가 존재하는 이유는 시민의 재산과 생명을 보호하기 위함이다. 우리가 입대를 하기 전 할아버지, 아버지, 형제들이 먼저 입대했었고 그 덕분에 안정적인 일상을 누릴 수 있었다. 그리고 이제는 내가 입대해 그들에게 진 빚을 갚는 것이다. 모병제가 아닌 이상 군 입대는 일종의 보험 같은 것이다. 내 차례가 돼 나와 나의 소중한 사람들을 지키기 위해 입대하는 것인데, 자신이 근무할 때보다 편하다는 생각으로 악습과 부조리를 정당화하면 과연 군에 입대한 의미가 있을까? 만약 내 자녀가 군에서 자신이 당한 것과 같은 악습과 부조리의 피해자가 돼도 이런 생각을 할 수 있을까?

2014년 8월 8일 윤 일병 추모제가 국방부 정문에서 군인권센터 주관으로 실시됐다. 이날 추모제에서 군에서 아들을 잃었다는 한 어머니는 참가자들에게 말했다. "아이가 죽고 나서 깨달았습니다. 뉴스에 군에서 목숨을 잃은 장병들의 이야기를 듣고 걱정하는 제게 남편은 '우리 아이가 입대할 때는 안 그럴 거야. 나아질 거야'라고 얘기했었죠. 저도 그럴 거라고 생각하고 넘어갔고 그 젊은이들의 죽음을 남의 일이라고 생각하고 방관했습니다. 하지만 아이가 죽고 나서야 제가 죄인이란 걸 알았습니다." 나의 무심한 본전 생각이 내 후대에도 이어질 수 있다. 자녀와 후손을 위해서라도 본전 생각은 버려야 한다.

가장 미운 선임을 닮는 이상한 보상 심리

6년 동안 나는 군 생활 대부분을 소대장, 중대장 같은 지휘관으로 보냈다. 그래서 그 누구보다 입대한 장병들의 변화를 잘 관찰할 수 있었다. 2001년부터 2007년 제대할 때까지 내가 근무한 부대는 최전방 GOP, 신병교육대, 수방사 예하의 예비군 부대였다. 말단 부대의 지휘관을 맡으며 인연을 맺은 부하들이 어림짐작으로 200~300명 정도 된다. 솔직히 그들을 일일이 기억하진 못하지만 그들의 전반적 분위기와 흐름은 아직도 생생하다.

최전방의 GOP 소초에서 수도권의 후방 부대에 이르기까지, 대개 부대의 형태와 임무만 차이가 있을 뿐 병들의 의식은 별로 큰 차이가 없다. 그들에게서 자주 들었던 말은 모두 비슷비슷하다. "요즘 군대 너무 좋아집니다." "선임들 생각도 해주십시오." 후임들은 눈치를 보다 보니 이런 이야기를 꺼내지도 못하지만 짬밥 대우를 받는 선임들은 어딜 가도 자신의 목소리를 강하게 드러냈다. 그런데 그런 말을 꺼내는 대부분의 선임병들은 자기 때는 힘들었고 지금 후임들은 편하다는 이야기만 한다. 그러면 난 피식 웃으며 "야, 임마. 너 처음 왔을 때 네 선임도 그랬어"라며 면박을 주곤 했다.

사람의 기억이란 상당히 주관적이며 내 기억 또한 그럴 것이다. 하지만 그들이 신병으로 전입 와서 제대할 때까지 지켜본 내가 아무래도 더 객관적이지 않을까. 선임병들 중 후임들 앞에서 유독 어깨에 힘주는 녀석이 있었다. 축구를 하면 항상 개발, 블랙홀이라 불렸고 태권도

승급심사에 매번 떨어져서 선임들에게 칠면조라고도 불렀다. 그런데 우연히 화장실에 들렀다가 칠면조의 격한 목소리를 듣게 됐다. 화장실 칸막이에 숨어 귀를 기울여 들어보니 칠면조가 일병들을 나무라고 있었다.

"야, 너희는 많이 편해진 거야. 난 일병 때 화장실에서 포복을 할 정도로 깨끗이 청소했어. 요즘은 후임들 사고 난다고 적당히 하는데, 이 정도로 편한데 청소가 이게 뭐야? 짬밥을 똥구멍으로 먹은 거야?"

칠면조의 이야기는 사실 그가 일병 때 '이지'라는 선임병에게 들었던 지적이었다. 토씨 하나 틀리지 않고 그대로 후임병들에게 써먹고 있었다. 그런데 더 거슬러 올라가 보면 전역한 이지 녀석도 마찬가지였다. 이지는 군 생활 편하게 한다고 선임들이 영어의 'easy'를 별명으로 붙여줬다. 3년 동안 근무한 부대였기에 난 부하들의 계보를 누구보다 잘 알았다. 3년간 그들의 레퍼토리는 마치 구간 반복을 하듯 똑같았다. 그날 나는 부하들을 모아놓고 '특별정신교육'을 했다.

"너희들, 요즘 신병은 편하다고 이야기하는데 다들 도찐개찐이야. 화장실에서 다 들었어. 우리 중대 족보 이야기나 해볼까? 칠면조는 이지를 그대로 닮았어. 제대한 이지를 아는 사람들은 알겠지만 칠면조가 지금은 이지를 그대로 따라 하고 있더라. 선임병이 돼서 힘들었던 후임 생활을 지금 후임들에게 보상받으려고 하던데, 너희 자식들이 군에 들어올 때도 이런 모습이 이어지길 원하니?"

다들 할 말을 잃었다. 물론 후임들에게도 선임들을 존중해야 한다고 말했다. 근무 여건이 과거에 비해 조금씩 변하고 있는 건 사실이고,

선임들도 그런 후임 과정을 거쳤다. 하지만 우리가 악습을 끊어야 한다고, 그러기 위해서는 후임들도 똑똑히 알아두라고 말했다.

실제로 부대의 분위기는 어떤 선임이 고참이 돼 분위기를 주도하느냐에 따라 달라진다. 악습을 끊으려고 하는 사람이 분대장이 되거나 최고선임이 되면 부대 분위기는 바뀐다. 하지만 그렇지 못한 사람이 분대장이나 최고선임이 되면 분위기는 경직된다. 경직된 분위기는 결국 가혹 행위나 자살, 탈영과 같은 사고로 이어지고 사고의 책임은 선임병에게 돌아온다. 잠시의 감정보단 멀리 보는 이성으로 후임들을 대하라. 그것이 여러분과 여러분의 소중한 사람들을 위한 지름길이다.

계급은
군림이 아닌 쪽대다

+

제대한 선배나 형들로부터 '오대장성'이란 말을 들어본 적이 있을 것이다. 장성은 장군을 의미한다. 대한민국의 공식적인 장군 계급은 준장, 소장, 중장, 대장 이렇게 네 개인데 여기에 비공식적인 장군 하나가 더 존재한다. 바로 병장이다. 병장을 포함한 장군을 속칭 오대장성이라고 한다.

병장 계급을 달고 나면 왠지 꽉 찬 느낌이 든다. 마치 많이 먹어 배부른 것처럼 말이다. 소속이 다른 부대에 가도 어느 정도 짬밥 대우를 받고 간부들도 적당히 대우를 해준다. 그래서인지 "군 생활, 병장으로 하라면 다시 할 수 있겠다"고 이야기하는 사람들도 있다. 하지만 이 말에는 이때부터 병들 위에 군림하고 권위적으로 행동하는 사람이 된다는 의미도 있다. 정말로 제대 말년까지 고생한 사람들 입에서는 병장으로 다시 할 수 있다는 말이 절대 안 나온다. 계급에 따른 권위보단 족쇄처럼 따라붙는 책임의 무거움을 알기 때문이다. 계급은 권위가 아닌 책임의 의미가 더 크다. 여기서는 선임병에게 요구되는 책임의 의미를 이야기하려 한다.

군림하려다 구속된다

머릿속이 보상 심리와 본전 생각으로 가득한 선임병의 가혹 행위는 짬밥이 높아지면서 장병들 위에 군림하려는 삐뚤어진 생각에서 시작된다. 후임과 선임을 구분하기 위한 가혹 행위와 부조리는 예나 지금이나 여전한 것 같다. 단지 예전에는 한 명의 선임이 다수의 후임들을 괴롭혔고 그런 행동들이 공공연히 벌어졌지만, 현재는 다수의 선임 또는 동료가 특정 인물을 은밀하고 상식을 뛰어 넘는 무자비한 형태로 가혹 행위를 벌인다는 게 다르다.

실제로 간부들이 아무리 가혹 행위와 부조리를 색출하려고 애를 써도 간부들이 퇴근한 이후 부대의 주인은 병들이다. 그때부터는 그들의 세상이 펼쳐진다. 그 세상을 지배하는 것은 병들의 논리, 선임병의 논리다. 일과 중에는 간부들이 군림했다면 비어 있는 시간은 선임병들이 대신한다. 하지만 군림을 위한 수단으로 사용되는 가혹 행위와 부조리는 절대 합리화될 수 없다. 그것은 범죄에 해당하지만 대부분은 헌병대에 끌려가기 전까지 그런 사실을 느끼지 못한다. 그냥 재밌게

제굴,
참을 수 없는
무거움!!

계급이 올라가면 우쭐하기 쉽다. 하지만 계급은 군림하기 위한 게 아니라 책임을 지라는 의미다. 그만큼 자신의 계급을 무겁게 생각해야 한다.

즐기는 놀이나 오락으로 생각한다. 그런 오락을 통해 자신이 높고 존중받는다고 느끼는 것이다.

선임들이 후임병들에게 가하는 가혹 행위는 고전적인 벌칙에서 최신 유행하는 게임에 이르기까지 다양하다. 고전적인 방법으로는 PX 털기, 짬 먹이기, 복불복 등이 있다. PX 털기는 후임병에게 과자를 사주겠다고 하면서 물기가 없는 스낵류를 물이나 음료 없이 가득 먹이는 가혹 행위다. 목이 메는 것은 물론 입안에 가득 든 과자 부스러기가 입 내부를 자극해 입이 헐곤 한다.

짬 먹이기는 식사 중 후임병에게 어떤 반찬을 좋아하냐고 말을 건넨 후 후임병이 좋다고 한 반찬을 몰아주는 가혹 행위다. 특히 식사 시간이 짧을 때 이런 가혹 행위를 하는데 식사는 시간 내에 남김없이 먹어야 한다. 많은 양을 먹는 것도 힘들지만 집합 시간에 늦으면 그걸로 트집 잡혀 괴롭힘을 당한다.

복불복은 예능 방송에 나온 복불복 게임을 모방한 가혹 행위다. 자유 시간에 게임을 한다며 후임병을 참가시켜 벌칙 형태로 구타나 가혹 행위를 한다. 이런 것들은 주로 간부들이 무심하게 넘어가준다는 점을 악용한 고전적인 가혹 행위다.

신종 가혹 행위로는 수류탄 물기, 카드 대납 같은 것들이 있는데 수류탄 물기는 경계근무 중에 후임에게 안전핀을 뺀 수류탄을 입에 물리는 끔찍한 가혹 행위다. 2015년 4월에 인천의 모 부대에서 한 병장이 이등병에게 안전핀을 뽑은 수류탄을 입에 물렸는데 결국 이등병은 병장이 초소를 이탈하자 스스로 수류탄을 터뜨렸다고 한다. 이 사건으로 이등병은 목과 어깨에 파편상을 입었고 발목을 절단하는 수술을 받았다. 평소 그 병장은 이등병이 동작이 굼뜨다는 이유로 수시로 구타했고 이에 겁을 먹은 이등병은 말도 안 되는 가혹 행위를 그대로 받아들였던 것이다. 하지만 피해자였던 이등병은 자원입대한 우수 전투원이었다. 사건의 전말은 의식이 돌아온 이등병이 군 수사관에게 모든 것을 털어놓으면서 드러났다.

카드 대납은 최근 병들의 월급을 '나라사랑 카드'라는 직불카드로 받는 것에서 시작된 가혹 행위다. 선임병들이 후임병의 직불카드를 빼앗아 PX에서 멋대로 대금을 결제하는데, 이 직불카드는 월급과 휴가비 외에도 부모들이 보내주는 돈이 들어 있을 수도 있다. 그래서 돈이 들어 있는 후임병의 직불카드는 가혹 행위의 새로운 수단으로 이용되고 있다. 2015년 4월 강원도의 한 부대에서는 이등병이 자살을 했다. 이유는 선임들의 괴롭힘과 금전 갈취였다. 선임병들은 후임병의 카드로 PX에서 담배를 사기도 했고, 물건을 사달라는 강요를 했다고 한다. 결국 이등병은 괴롭힘을 이기지 못하고 자살을 택했다.

과거의 가혹 행위가 비교적 단순한 유희나 신병 길들이기 정도였다면, 요즘에 행해지는 신종 가혹 행위들은 최근 군대 내에서 폭력을 근절하기 위한 노력을 비웃듯이 더욱 악랄하고 은밀하게 진화했다. 이런 행위들은 후임병들의 생명을 위협할 정도로 심각해지고 있다. 문제는 큰 사건이 터져 수면으로 드러나기 전까지 대부분의 선임병들이 이를 계급의 권위를 유지하는 수단이나 단순한 오락으로 치부한다는 것이다. 그 누구도 이런 부조리에 항거하지 않고, 결국 피해자는 혼자서 고민하다가 극단적인 선택을 하게 된다. 선임병들은 이런 후임들의 심리와 상관없이 들키지만 않으면 된다고 생각한다. 자신의 장난 아닌 장난 때문에 범죄자가 될 수 있다는 인식이 거의 없다.

2014년 KBS는 윤 일병 사건 이후 병영 부조리에 대한 제보를 받은 적이 있다. 약 400여 건에 이르는 제보들을 보면 대부분 가해자들은 자신의 잘못을 기억하지 못하고 군대를 떠나며 피해자들만이 이런 기억을 품고 살아간다는 것을 알 수 있다. 피해자들은 군에서 겪은 트라우마가 사회생활에 영향을 미친다고 제보를 통해 알렸다. 일부는 제대 후 가해자를 처벌하기도 하지만 정신적 상처는 쉽게 없어지지 않는다는 반응이었다.

선임병들이 후임병들 위에 군림하기 위해 벌이는 행위들은 엄연한 범죄다. 가해자는 모르지만 피해자는 꼭 기억한다. 나 또한 나를 괴롭힌 상급자를 아직도 또렷이 기억하고 있다. 최근에는 갑과 을이 바뀐 경험도 있었다. 선임들이 벌이는 부조리에 절대로 편승하지 마라. 피해자들은 당신이 저지른 범죄를 영원히 기억한다.

권한은 없고 책임만 있는 녹색 견장

+

 "견장 찬 사람은 뭐가 달라도 달라"라는 말이나 '양 어깨의 녹색견장'이란 말을 들어본 적 있는가? 군대에서는 지휘권을 가진 사람을 지휘자, 지휘관이라고 부른다. 지휘자는 분대장과 소대장을 의미하고 지휘관은 중대장, 대대장, 연대장, 사단장, 군단장, 군사령관처럼 간부 지휘자들을 관리하는 사람들을 지칭한다. 지휘자와 지휘관은 모두 녹색으로 된 견장을 전투복 어깨에 붙인다. 따라서 녹색 견장은 군인으로서 정당한 지휘권을 부여받았다는 의미다. 하지만 고위 간부가 아닌 말단의 분대장에게 녹색 견장은 오히려 '녹색의 짐'이 되기도 한다. 여기서는 견장이 짐이 되지 않는 방법, 즉 지휘권이 무거운 책임으로만 느껴지지 않을 방법에 대해 말하고자 한다.

분대장은 동네북

병들이라고 해서 명령만 받고 수동적으로 움직이는 것은 아니다. 상병이나 병장이 되면 분대장이 될 기회가 온다. 미군의 경우 NCO SCHOOL(부사관학교) 과정을 이수한 상병과 병장은 분대장으로서 부사관의 대우를 받으며, 분대를 지휘하는 지휘권을 부여받는다. 한국군의 경우 미군처럼 부사관 교육을 받지는 않지만 1~2주 정도 분대장 교육을 자대에서 받고 분대장으로 지휘권을 부여받는다. 물론 부사관 교육을 이수한 게 아니기에 대우는 병의 수준에 머물러 있지만 요구되는 것은 부여된 권한과 대우에 비해 지나치게 많다.

분대장들은 과연 어떤 권한과 어떤 임무를 부여받을까? 한국군의 경우 병 상호 간의 지휘와 간섭이 원칙적으로 금지돼 있다. 하지만 분대장은 병이라도 자신의 분대에 속한 분대원들에게 내무 생활에서의 임무 분담과 명령을 내릴 수 있다. 교육훈련 중에는 소대장 혹은 부소대장이 정한 범위 내에서 분대원들을 교육하거나 지휘할 수 있다. 적은 액수지만 분대운용비(정확한 금액은 부대마다 다름)를 받기도 하며, 분대의 고충에 대해 소대장이나 부소대장에게 건의할 수 있고 다른 분대장에게 간섭을 받지 않을 권한도 주어진다. 이렇게 나열하고 보면 뭔가 있어 보일 것 같지만 대부분은 소소한 것들이다. 그런데 이 소소한 권한에 비해 상당히 많은 임무와 책임이 뒤따른다.

분대장의 임무와 책임은 의무제도로 징집된 병에게 부과하기엔 좀 과할 정도다. 군에서는 말단의 의견을 수렴한다는 취지에서 상향식 일일 결산이라는 것을 매일 실시한다. 하지만 내 경험에 비춰 볼 때 상향식 일일 결산보다는 하향식 일일 결산으로 하루가 끝나는 경우가 더 많았다. 여하튼 상향식 일일 결산에서 분대장은 인원과 장비, 교육 보고를 해야 한다. 분대장도 병으로서 개인 임무가 주어지지만 이와 더불어 그날그날의 인원, 장비, 교육을 확인해 보고해야 하는 것이다. 이 중에 가장 힘든 것은 인원 보고다.

휴전 중인 우리 군이 가장 중요하게 여기는 것은 사고 예방이다. 사고 예방을 위해서는 분대원들, 즉 인원에 대한 정확한 정보를 수집, 관리해야 하고 이를 간부들에게 보고해야 한다. 따라서 분대장은 분대장 관찰일지를 매일 작성해 간부들에게 제출해야 한다. 그런데 이 분대장 관찰일지라는 게 사실 엄청나게 고된 일이다. 만에 하나 기록을 제대로 하지 않다가 분대원이 탈영하거나, 가혹 행위로 사건이 발생하면 그 책임을 분대장에게도 묻는다. 그래서 간부들은 분대장 관찰일지 작성을 엄청나게 쪼아대며 확인한다.

솔직하게 고백하자면 나도 간부로서 생활기록부를 작성해야 했는데 이게 잘 정리돼 있지 않으면 상부로부터 엄청난 지적을 받는다. 그래서 간부들은 분대장들의 관찰일지에 상당히 의존한다. 나도 현역 시절에 그랬었다. 분대장들에게 정말 관찰일지 내용이 이것뿐이냐며 압력을 행사했던 적도 많았다. 요즘은 생활기록부가 손으로 쓰는 방식이 아닌 전산으로 이뤄져 정리를 제때 제대로 해야 한다. 현역에 있는 지인들의 이야기를 들어보면 아직도 분대장 관찰일지는 사건 사고 예방을 위해 중요하며 분대장들이 느끼는 부담 역시 크다고 한다.

녹색 견장은 지휘권을 가진 사람을 의미한다. 분대장은 초급 지휘자로 간부와 같은 역할이지만 무거운 책임만 따를 뿐 권한이나 보상은 별로 없다. 하지만 장래 여러분의 삶에 중요한 경험이 될 것이다.

인원 보고, 즉 분대장 관찰일지에서 가장 중요한 것은 보호관심병사의 관리다. 내무 생활과 교육훈련 중에 보호관심병사로 지정된 분대원을 어떻게 관찰했고 무엇을 발견해 어떤 조치를 했는지 기록을 남겨 둬야 한다. 그런데 분대장은 지휘와 교육을 할 수 있는 명령권을 부여받았어도 정작 중요한 징계권은 가지고 있지 않다. 휴가나 외출, 외박에 대한 건의는 가능해도 관련 인사권조차 가지고 있지 않다. 그러니 분대장이 보호관심병사를 비롯해 분대원들을 효과적으로 이끌 보조 수단은 사실상 거의 없는 것이다.

하지만 간부들은 그런 여건을 고려하지 않고 분대장에게 지나치게 많은 것을 요구하고 분대원들의 문제에 대해 책임을 묻곤 한다. 그런 측면에서 보면 분대장은 허울만 좋을 뿐 후임병들과 간부들 사이에서 고생하는 동네북이나 다름없다.

간부들의 심리를 파악하라

동네북처럼 고달픈 분대장, 살아남을 방법은 없을까? 결론부터 말하면 안 하는 게 답이다. 간부들로부터 군 생활을 잘한다는 평을 받는 선임병들도 분대장은 기피하려는 경향이 있다. 그렇지만 군대가 안 하고 싶다고 해서 하지 않는 그런 민주적 집단도 아니기에 대부분 우수한 선임병들이 울며 겨자 먹기로 분대장직을 맡는다.

그러면 피할 수 없는 분대장 직책을 어떻게 무탈하게 넘길 수 있을까? 솔직히 분대장들이 의욕을 가지고 활동을 하려면 자기가 잘한다고 될 문제가 아니라 간부가 뛰어나야 한다. 보호관심병사를 비롯해 무임승차하려는 후임과 동료들을 구슬려 분대를 무사고로 이끌기 위해서는 간부들을 구워삶아야 한다.

5장에서 간부들의 세계와 심리를 따로 설명하겠지만 간부들, 특히 중장기 복무 간부들은 군대를 직업으로 생각하는 사람들이 많다. 그래서 사고 조짐에 아주 민감하게 반응하고 윗선들의 눈치를 상당히 많이 본다. 그래서 병들의 눈에는 간부들이 '병맛'으로 보이는 것이다. '주적 간부', 즉 병의 주적은 간부라는 우스갯소리가 나올 정도다. 이런 간부들이지만 그들은 대부분 외로운 존재다. 이 외로움을 이용한다면 의외로 분대장이라는 역할도 힘들지만은 않다.

간부들의 외로움과 심리를 어떻게 이용할 수 있을까? 예를 들어 소대장이 중대장에게 혼나고 돌아왔다고 하자. 대부분은 소대장 눈치만 볼 것이다. 이때 분대장으로서 쇼맨십을 발휘해 소대 상황회의 때 소대장을 추켜세워라. "중대장님은 뭘 모르십니다. 소대장님이 맞습니다"라며 소대장의 편을 드는 것이다. 그러면 소대장은 겉으론 티 내지 않아도 '고참병인 분대장에게 인정받았으니 난 훌륭한 소대징일 것이다'라며 위안을 받는다. 그리고 분대장을 자신의 사람이라고 믿게 된다. 이렇게 마음의 벽을 무너뜨리는 게 가장 중요하다.

또 다른 예로 중대 내에서 어려운 작업이 우리 소대에 내려왔다고 하자. 소대장은 분대장에게 임무 지시를 내릴 것이다. 불평을 하는 선임병이나 다른 분대장도 있을 것이다. 이때 절대 불만을 표현하지 말고 대신 작업 중에 조용히 소대장에게 분대장으로서의 어려움을 토하라. "소대장님, 솔직히 이건 좀 힘듭니다. 하지만 소대장님의 지시니 열심히 따르겠습니다. 다만 이런 부분은 좀 부탁드리고 싶습니다"라고 개별적으로 보고하면 소대장은 그런 분대장에게 더 많은 애정을 준다.

소대장 외에 중대장, 대대장에게 건의를 하고 싶을 땐 어떻게 해야 할까? 2차 상위 상관에겐 절대로 차상위 상관의 험담을 해서는 안 된다. 쉽게 말해 중대장 앞에선 소대장 험담을 하지 말아야 하고, 대대장 앞에서 중대장 험담을 해서는 안 된다. 오히려 칭찬을 해야 한다. 예를 들어 중대장이 분대장에게 소대장이 어떠냐고 묻는다면, 소대장이 경험이 없지만 부하들에게 신망을 받으려 노력하며 무엇보다 중대장님에 대한 충성도가 높다는 식으로 답해야 한다. 중대장도 사람인데 그렇게 나무랐던 소대장이 자신에게 충성심이 높다고 하면 마음이 흔들리고 그런 말을 하는 분대장에게 최대한 편의를 제공하려 할 것이다. 간부들은 '충성심'이란 말 한마디에 마음이 녹아내린다. 대부분의 분대장들은 주어진 임무에 대해서는 성실히 임하지만 상관에 대한 표현력이 부족한 편이다. 특히 간부들의 언어를 이해하지 못한다.

오히려 간부들과 시간을 많이 보내는 행정병들이 간부들의 심리를 잘 알고 있다. 행정병들과의 교류를 통해 간부들의 언어를 익혀둔다면 분대장 생활이 그리 힘들지만은 않다. 그에 대한 반대급부는 반드시 돌아온다.

간부들의 심리를 알았다면 분대장으로서 잘해야 할 것 하나가 남았다. 바로 보고다. 간부들은 보고받기를 좋아한다. 간부들이 귀찮을 정도로 보고를 하라. 그러면 분대에서 분대장으로 해결하지 못한 문제는 전부 간부들의 몫으로 돌아간다. 보고를 했다는 기록은 분대장 관찰일지 외에 수양록(군대 일기장)에 기록해두는 것이 좋다. 간부들이 바빠서 보고를 받지 못했다는 변명이 통하지 않을 근거가 있기 때문에 분대장에게 책임을 물을 수 없게 된다. 그리고 분대장으로서 관리하기 힘든 분대원에 대해서는 절대 분대원들이 자체적으로 행동을 하게 놔둬서는 안 된다. 괜히 해당 분대원과 분대장에게 나쁜 결과가 돌아올 수 있다.

간부들에게 적극 보고하고 건의하라. 귀찮을 정도로 보고하라. 상급 상관에게도 보고했는데 조치가 받아들여지지 않는다면 차상급 상관에게 보고하라. 그래도 조치가 없다면 그건 명백히 그 상관의 잘못이다. 그리고 보고한 후에 더 상위 상관에게 보고한 것이라면 군인으로서 지휘 체계를 지킨 것이므로 군에서 문제 삼을 수 없다.

간부의 심리를 알고 철저히 보고하며 근거를 확보한다면 분대장 역할을 성공적으로 수행할 수 있다. 다들 기피하는 분대장이지만 나중에 사회생활에서 분명 도움이 된다는 사실을 명심하라.

무임승차 개미들을 활용하라

+

어떤 조직에서든 열심히 하지 않고 문제가 되는 사람이 있기 마련이다. 열심히 일하는 개미 사회에서도 실은 80퍼센트나 되는 '농땡이 개미'가 존재한다. 군대도 마찬가지다. 농땡이 인간은 어떤 조직을 가도 존재한다. 그런데 군대에서는 이들이 심각한 골칫거리다. 모두가 획일적으로 움직여야 하는 군대라는 특성상, 이 농땡이 군인들은 농땡이가 아닌 아예 불량품으로 취급받는다. 사회에서는 조직에 적응하지 못하면 그 조직을 나가버리면 그만이고 개인적인 책임만 지면 되는데 군대는 그럴 수가 없다. 결국 무임승차하는 농땡이 인간들이 엄청난 민폐를 끼친다. 하지만 이들을 무턱대고 밉게 보거나, 집단 가혹 행위의 대상으로 만들어서는 안 된다.

게으른 개미가 조직에 활력을 준다

조직과 분업화를 이루는 지구상의 생명체는 인간, 개미, 벌이 있다. 그중에서도 조직과 분업화에서 인간과 개미는 비슷한 특징을 보인다. 일본의 곤충학자 하세가와 에이스케는 《일하지 않는 개미》란 책에서 에메리 개미를 중심으로 개미 사회의 작동 원리와 인간사를 비교했다. 미물인 개미와 사람을 비교하는 게 기분 나쁠 수도 있겠지만, 워낙 정교한 연구 탓인지 읽다 보면 고개가 끄덕여진다. 집요한 연구와 분석으로 보편 논리를 만들어내는 일본인들의 특성인지도 모르나 아무튼 이 책에서 개미 집단이 주는 교훈은 군대라는 인간 집단에도 적용될 만하다.

하세가와 교수는 책에서 "작은 자극에도 동기부여가 잘 되는, 반응 역치가 작은 부지런한 개미만 모아놓은 집단 A와 반응 역치가 커서 둔하고 게으른 개미만 모은 집단 B를 비교했다. 두 집단 모두에서 20퍼센트는 일하고, 80퍼센트는 노는 결과를 수차례 실험을 통해 얻었다"고 하면서 "조직이 오래 유지되려면 반응 역치가 다른 조직원이 존재해야 하며 동시에 발생한 다양한 일을 한꺼번에 효율적으로 처리하기 위해 분업이 필요하다. 분업에서도 이 반응 역치가 다른 조직원이 많아야 분업이 효율적으로 이뤄진다"고 역설했다.

재미난 것은 사람이 아닌 개미 사회에서도 과로사가 존재한다는 것이다. 하세가와 교수는 이렇게 이야기한다. "근육에 젖산이 쌓이는 과정인 피로와 과로사가 개미나 벌에게서도 발견됐다. 문제는 반응 역치가 작은 개미만으로 조직을 구성하면 동시에 피로도가 높아지고 조직이 망한다. 피로로 인해 알 돌보기 같은 중요한 일에 구멍이 생기기 시작하면서 대를 잇지 못하기 때문이다. 반면 반응 역치가 다른 개미로 구성된 조직은 더 오래 버틴다. 부지런한 개미들이 지치면 그제야 게으른 개미들이 움직이기 시작한다. 일하지 않는 개미는 일종의 '여력'이다."

요즘 우리 청년의 모습과 비슷하지 않은가? 신자유주의의 무한 경쟁에서 살아남기 위해 학력과 스펙 쌓기에 바쁜 젊은이들은 차별과 배제 속에서 겨우 얻어낸 작은 성과에 만족하며, 결혼도 출산도 생각하지 못할 정도로 지치고 내몰린 상태다. 군대 또한 이런 사회 분위기를 반영하고 있다. 그렇기에 보호관심병사나 농땡이를 부리며 무임승차하려는 이들이 밉상으로 보일지 모른다. 그러나 당장은 밉상으로 보여도 좀 더 멀리 내다보면 군대의 여력, 즉 예비 자원으로서의 가치는 있다.

군대는 나 혼자 잘해서 돌아가는 조직이 아니다. 다른 이의 열정과 노력에 무임승차하려는 후임과 동료들이 어딜 가도 꼭 있다. 하지만 그들에 대한 그릇된 제재는 부메랑이 돼 내게 돌아온다.

내가 중대장이었던 시절에 유독 밉상인 녀

석이 있었다. 조금 힘들거나 귀찮은 일에는 열외하려는 생각으로 가득 차 있어 주위에서 항상 밉상이라는 소리를 들었다. 하지만 중대가 결정적으로 어려움에 처할 때면 기가 막힌 편법들을 제시하며 해결책을 내놓았다. 부지런하고 빠릿빠릿한 개미는 뛰어난 학습 능력 덕분에 집단이 정한 페로몬 신호와 터득한 경험으로만 움직이려 한다. 하지만 게으르고 멍청한 개미는 의외의 탈선을 통해 지름길을 찾아낸다. 그 밉상 부하도 게으른 개미였다. 하지만 그는 모범 병사들이 찾지 못하는 지름길이나 요령을 찾아내는 능력이 있었다.

지금 눈에 보이는 밉상 후임과 동료를 농땡이 개미라고 생각하라. 그의 작은 일탈이 때론 조직 전체에 생각지도 못한 아이디어를 제공할 수도 있다. 여러분이 지치면 그 밉상도 결국 알아서 자기 일을 찾아서 한다. 밉상은 밉상대로 역할이 있다. 정말 죽이고 싶도록 밉다면 여러분의 손이 아닌 간부들의 손을 빌려라. 간부들은 밉상 개미를 활용할 수 있는 경험과 능력이 있다.

5장

이상한 간부들의
개그콘서트

+

군대 생활은 절대 낭만적이거나 해피하지 않다. 제대하고 돌아보면 피식 웃으며 추억으로 떠올릴지 모르지만 군대는 전후방과 전투부대, 비전투부대 모두가 힘든 곳이다. 하지만 군대도 군인이라는 사람들이 사는 곳이다. 사람들이 사는 곳에서는 괴로운 한숨도 있지만 때론 큰 웃음이 터지기도 하고 어이없는 해프닝도 생긴다. 이번 장에서는 군대에서 벌어진 해프닝들을 간부들 중심으로 이야기해보려 한다.

왜 간부들의 이야기인 걸까? 동서고금을 불문하고 피지배층이 무능하고 탐욕스런 지배층을 희화화하며 조롱하는 건 고단함을 잊고 현실을 슬기롭게 극복하게 해주는 지혜다. 군대에서 병들은 간부들을 '주적(원래 북한을 지칭하는 의미)'이라고 부른다. 병들의 눈에 간부들은 명령과 통제를 내리고 편하게 생활하는 사람으로 보이기 때문이다. 하지만 간부들 중에는 공명심과 탐욕에 사로잡힌 이들 외에도 양심적이고 진솔한 사람들도 분명 있다. 나 역시 간부 출신이기에 간부들의 웃지 못할 해프닝을 통해 그들의 숨은 고충을 보듬고 일그러진 사고방식을 되돌아보고자 한다. 또한 간부의 심리를 이해하고 이를 바탕으로 군 복무를 슬기롭게 해나가는 방법에 대해서도 이야기할 것이다. 특히 간부로 입대하고자 하는 독자들에게는 어떻게 해야 웃음거리가 되지 않을지 공부하는 계기가 되리라 생각한다.

무능한 간부는
웃음거리가 된다

+

간부는 병들이 믿고 따라야 할 지력과 도덕적 품성, 부단히 노력하는 인내라는 세 가지 덕목이 필수다. 하지만 모든 간부가 이 세 가지 덕목을 다 갖추고 있진 않다. 소위 또는 하사로 임관할 당시에는 순수한 마음이었을 대부분의 간부들이 왜 야전에서는 부하들에게 존경받기 힘든 것일까? 우리 군의 고질적이고 특유한 군대 문화가 간부들의 덕목을 이상하게 변질시키기 때문이다. 이 군대 문화를 설명하려면 복잡하고 긴 역사적 사실을 먼저 설명해야 하는데, 정치적인 발언이 될 수 있기에 생략하도록 하겠다. 병들에게 병들만의 세계가 있다면 간부들에겐 병들이 모르는 간부들의 세계가 존재한다. 특히 우리 군의 간부들은 계급이라는 권위와 체면을 지나치게 중시하는 편이다.

간부가 무식하면 병들이 고생한다

앞서 내가 자살을 생각했던 이야기에 등장한 압둘라 대위를 기억하는가? GOP 철책복구 지원 때 그가 보여준 영도한 지도력 덕분에 난 자살을 생각할 만큼 힘들었다. 게다가 그는 도덕적 인품까지 뛰어나서, 그에 걸맞게 체면과 권위도 매우 중요시했다.

GOP 복구 지원을 마치고 한여름인 8월, 난 지뢰 지대 매설 교육을 맡게 됐다. 원래 훈련 계획대로라면 교육은 그냥 멍텅구리 지뢰탄체(교육용 더미)를 지뢰 퓨즈와 결합하고 매설하는 아주 단순한 교육이었지만, 선임병들도 전쟁 시에 계획된 지뢰 지대를 매설하는 훈련을 해본 적이 없었던 터라 전시작전 계획대로 지뢰를 매설하는 절차 훈련으로 계획을 변경했다.

폭 30미터에 길이 30미터의 기본형 지뢰 지대를 하나 매설하려면 꽤 긴 시간과 체력을 요구한다. 요즘에는 일반화된 이야기지만 당시에는 실전과 같은 상황을 부여하는 임무형 훈련을 강조하기 시작해서 GOP에서 막 철수한 부하들에게는 더 힘든 훈련이었다.

한여름임에도 불구하고 북한의 화생방 공격 상황을 전제로 갑갑한 방독면과 두터운 화생방 보호의를 껴입고서 지뢰를 옮기거나 매설하는 건 여간 어려운 일이 아니다. 나 또한 익숙하지 않은 훈련 방법이었기 때문에 훈련 전에 작성해야 하는 실습계획표와 훈련에 필요한 교보재 소요를 공병학교의 지뢰교관에게 자문을 받아가며 며칠간 밤새며 연구했다.

간부는 때로는 병들의 선생이 돼야 할 때도 있다. 초임 간부가 짬밥 많고 경험이 별로 없는 선임층을 이해시키고 가르치기 위해서는 더욱 훈련 과제 연구에 열을 쏟아야 한다. 그렇게 며칠에 걸친 연구가 끝나고 훈련 하루 전에 분대장과 부분대장만 따로 불러 훈련전 임무를 숙지시켰다. 훈련 준비는 매우 순조로웠다.

훈련 당일, 분대장들은 사전에 내게 교육받은 대로 임무별로 분대원들을 통솔했다. 무거운 교보재 상자와 훈련 용품들이 분주하게 옮겨졌고 경계를 담당하는 기관총 사수와 부사수는 땀을 뻘뻘 흘려가며 언덕을 오르락내리락했다.

지휘조, 경시조, 경계조, 매설조가 실전 계획대로 모두 임무에 투입됐다. 부소대장이 지뢰 퓨즈(요놈이 터지면서 지뢰가 폭발한다)의 이상 유무를 검사하기 위해 퓨즈 검사대에 퓨즈를 꽂고 점검하는 교육을 할 무렵, 압둘라 대위의 세단 승용차가 흙먼지를 날리며 달려왔다. 난 '이만하면 완벽하다. 부소대장도 소대원들도 훌륭하다'고 생각했지만, 압둘라는 손가락을 까닥거리며 날 불렀다.

"어이, 삼(난 당시 3소대장이었다). 훈련은 잘 돼가나?"

"충성. 3소대 교육훈련 중! 문제없이 시행 중에 있습니다."

"그래, 브리핑해봐."

"현재 지뢰는 대인지뢰 m16a1, m14가 각각 ○○발, 대전차 지뢰 ○○발을 준비했고 … 경계조는 감제고지(적의 동태를 확인하기 양호한 곳)를 점령 후 경계 중이며 … 지휘조 중 부소대장을 포함한 퓨즈 검사반은 퓨즈 검사 중입니다."

"근데 말이여, 퓨즈검사대가 저게 맞아?"

"맞습니다. 퓨즈는 검사 시 폭발할 가능성이 있습니다. 만약 퓨즈 불량으로 인한 이상폭발이 발생할 경우 검사대 아래쪽의 강철 파이프를 통해 폭연(폭발과 연기)이 흘러 내려가 정상 퓨즈의 연쇄 폭발을 예방해줍니다. 검사 후 안전한 퓨즈만을 지뢰와 결합합니다."

"야, 삼. 너 바보냐? 보병학교 실업계 나왔냐?"

"예?"

"퓨즈 검사대에 비어 있는 저 파이프, 저 빈 공간에 지뢰탄체를 넣고 결합하는 거야. 그래야 지뢰가 제대로 작동되는지 알지."

"아……. 중대장님, 그런데 그건 퓨즈가 폭발하면 위험하기 때문에 공명(연쇄) 폭발과 검사자의 안전을 위해 비워둔 공간입니다."

"뭐여? 니 지금 날 무시하는 거여, 머여? 내가 논산훈련소 교관 출신이야. 내가 가르칠 때는 그게 최신 교리였어(압둘라 대위는 논산에서 사격만 담당했다고 한다. 지뢰는 구경한 적도 없다)."

"아, 알겠습니다. 시정하겠습니다(만약 실물 퓨즈에 실물 지뢰를 가지고 훈련을 하다가 불량이 나오면 어떻게 될까? 말 그대로 꽝! 터진다). 중대장님, 제가 부족해 신교리를 미처 입수치 못했습니다. 3일 시간을 주시면 육군공병학교(지뢰에 대한 교리는 공병이 담당한다)에 의뢰해 습득하겠습니다."

"그래. 니가 몰라도 너무 몰라. 그래가지고 무슨 선임소대장이야? 머리는 액세서리야? 나처럼 연구를 하라고. 대위라는 계급, 고스톱으로 딴 거 아니야. 알겠어? 넌 너무 무식하고 게을러. 그래서 간부로서의 권위와 체통이 서겠냐고!"

그렇게 나를 다그치더니 자신은 윗분들과 중요한 대화가 있으니 사고 안 나게 잘하고 오라는 말을 남기고 세단을 타고 교장을 떠났다. 부소대장이 와서 나를 위로했다.

"소대장님 혼나실 때 제가 소대원들을 안 보이는 곳에서 쉬게 했습니다. 소대장님 체면 망가지는 모습 보이면 안 되니까요. 그리고 전 병일 때부터 줄곧 지뢰훈련 해봤는데 소대장님이 옳으세요. 압둘라 대위, 자기 체면만 살리고 정당한 권위는 박살을 내는군요."

분명 공병학교의 자문과 교범대로 준비한 훈련인데 압둘라 대위의 말이 사실인지 궁금했다. 나보다 4년이나 더 장교로 복무한 사람이니 없는 말을 지어내진 않았을 것이라고 생각했다(그때까진 나도 참 순수했던 것 같다). 훈련이 끝나자마자 육군공병학교에 이 내용을 전했고 전화를 받은 대령은 내게 말했다.

"소대장, 훌륭하다. 그런 교리가 있을 리 없지. 자네, 알면서도 묻는 거 보니 중대장이 그러던가?"

"아, 아닙니다. 절대 아닙니다."

"자네 소속이 어디야?"

"보안입니다. 말 못 합니다."

난 궁색한 변명을 했다. 소대장 시절에는 아무리 못나도 직속상관의 무능을 알리는 것은 잘못된 일이라고 생각했다. 하지만 대령은 어림없었다.

"부대 전화번호가 033-×××-××××이지? 너, ○○연대구먼. 너 ○○중대지? 얼마 전에 전화로 우리 교관들에게 질문한 소대장 같은

데. 중대장 중에 책상머리에만 앉아 있는 나쁜 놈들이 있다던데, 힘든 군 생활 하는구나. 선무당이 사람 잡겠군. 힘내라."

그러고는 수화기를 끊었다.

공명심에 빠진 '보호관심' 간부들

"사람의 머리는 생각하는 데 쓰는 거지, 얼굴 자랑하려고 있는 액세서리가 아니다." 이 말은 내가 중대장 시절 대대장으로 모시던 분이 항상 하던 말이다. 그분은 자신의 말처럼 몸으로 행동했고 머리로는 생각을 했다. 간부가 게으른 행동과 명청한 생각을 할 때면 "야, 이 도축장에 걸린 고깃덩어리야!"라고 고함을 치며 혼내던 모습이 아직도 생생하다. 나도 대대장님께 혼난 적이 많았고 그럴 때마다 정신이 번쩍 들면서 뭔가 하나씩을 꼭 배우곤 했다.

간부는 수많은 부하들을 지휘한다. 전쟁에서는 누구나 죽는다는 사실을 알고 사지로 부하들을 떠밀어야 하는 간부들이지만, 비이성적이고 합리적이지 못한 사고는 살 수 있는 부하들마저도 적군에게 덤핑으로 내주게 된다. 그러기에 간부들의 머리는 액세서리가 아닌 컴퓨터가 돼야 한다.

그런데 공명심과 명예욕이라는 악성코드가 간부들의 머리를 먹통 액세서리로 만드는 경우가 있다. 실질적인 훈련보다 상급자에게 잘 보이려는 욕심이 비이성적이고 불합리한 판단을 하게 만드는 것이다. 영화 〈철십자훈장〉에 등장하는 슈트란스키 대위는 철십자훈장이라는 명예에 눈이 멀어 부하가 죽는 것을 방관한다. 실화를 바탕으로 한 미국 드라마 〈밴드 오브 브라더스〉의 소블 대위도 공명심 때문에 부하들을 혹사시키지만 정작 훈련에서는 본인이 헤매는 웃지 못할 상황을 연출한다. 이들처럼 머리가 컴퓨터가 아닌 액세서리였던 간부들의 실화를 몇 개 공개하자면 다음과 같다.

》》 '이 산이 아닌가벼'

2003년 1월경 강원도에서 있었던 일이다. 한겨울 혹한기 훈련을 앞둔 강원도 동부전선에서 중대장으로 있던 J 대위는 공명심으로 머릿속이 꽉 찬 간부였다. 어느 정도로 공명심이 강했냐면, 소대장들을 쥐어짜서 그들이 낸 아이디어를 자기가 기획한 것처럼 상부에 보고하곤 했다. 그리고 그의 부하들은 한결같이 J는 생각을 안 하는게 돕는 거다, J가 가공할 상상력을 펴는 순간 꼭 소대장이나 중대원 중 한 명은 크게 다쳐서 후송을 간다고 말했다.

자초지종을 들어보니 J가 중대장으로서 평가를 받는 중대전술훈련 때 평가관들에게 잘 보이기 위해 소대장들에게 사판을 만들라고 지시했단다. 우선 사판이 무엇인지 설명해야 할 것 같다. 사판이란 훈련이나 작전 지역을 흙이나 돌 같은 사물을 이용해 간략하게 표현하는 일종의 간이지도다. 흙과 돌을 가지고 급조로 입체감 있는 상황 설명이 가능하고, 흙바닥 위에서 나뭇가지 등을 이용해 상황을 그리거나 지우면서 명령을 쉽게 전달할 수도 있다. 그런데 이 J 대위가 평가관들이 와서 상황을 볼 때 폼 나는 전시물이 필요하다며 강은 파랑색, 도로는 회색, 군에서 쓰는 각종 표기와 부호는 흑색, 적군은 적색으로 표기하는 총천연색 사판을 미리 만들자고 했던 것이다.

경험이 많았던 소대장과 부소대장들은 컬러로 표기된 것은 간부들이 휴대하는 지도와 투명지를 이용하면 충분하며, 사판은 훈련 상황에 따라 시시각각 바뀌는데 어떻게 미리 만들 수 있느냐고 했다. 그리고 훈련 지형 전체를 다 만들면 엄청난 부피와 무게로 소부대 기동이 불가능하다면서 중대장에게 다른 방법을 요청했다. 그러나 J 대위는 "평가관들의 눈에 띄어야 중대가 좋은 성적을 받고 그래야만 상부도 만족한다. 사판을 포기할 수 없다. 명령에 따르라"고 지시했다. 군대는 계급이 깡패인 곳이다. 부하들은 어쩔 수 없이 총천연색 띠와 장난감 병정을 동원해 사판을 완성했다. 하지만 이 사판이 결국 화를 초래했다.

J 대위는 간부로서 훈련에 대한 연구보다 평가관들에게 잘 보일 준비에만 충실했다. 그런데 문제는 그가 방향치였다는 것이다. 실제 훈련이 다가오자 그는 계속 지형을 헤맸다. 급기야 야간에 산속에서 무전기로 소대장들을 호출하기 시작했고, 나중에는 훈련 중에 사용하면 안 되는 휴대폰으로 전화를 걸어 겨우 길을 찾았다. 그런데 그 와중에 애써 만든 사판이 부서져버렸고 각종 부호와 표기들이 엉망진창으로 뒤섞여버렸다.

길도 헤매고 사판도 부서진 상태에서 훈련평가관이 J 대위를 찾아왔다. 머릿속이 하얗게 된 그는 상황 보고를 고참 부사관에게 일임했다. 당연히 중대장의 일과 부사관의 일이 다른데 그도 정신이 없었던 모양이다. 부소대장은 엉뚱한 대답을 평가관에게 했고, 평가관은 중대장인 J 대위에게 같은 질문을 반문했는데 대답하지 못했다. 평가는 엉망으로 끝났다. 평가관이 떠난 뒤에 J 대위는 부소대장을 중대원들이 보는 데서 망신을 줬다. 하지만 병들을 포함한 중대원들은 그를 비웃었다고 한다.

이런 경력의 J 대위가 혹한기 훈련을 대비해 자신만의 묘책을 세웠다. 지리에 밝은 간부와 병들을 앞세워 혹한기 훈련 때 기동해야 하는 길에 사전 이정표를 만들어두는 것이다. 하지만 이런 행동은 훈련 지침을 위반하는 행위다. 훈련 전에 간부가 사전 답사를 통해 위험 지형을 파악하고 안전조치를 해두는 것은 괜찮지만, 대항군으로 함께 경쟁하며 평가를 받는 다른 부대의 거점에까지 몰래 들어가서 표지를 하는 건 비양심적인 행동이다.

여기까지는 그렇다고 치자. J 대위가 훈련을 받는 지역은 눈이 많이 오고 바람이 많이 부는 곳이었다. 그런데 하필 표지도 나무둥치의 하

능력은 없으면서 권위만 내세우는 간부들. 그들은 부하들이 자신을 보고 박장대소하고 있다는 것을 모른다.

단에 소심하게 작게 해둔 것이 문제가 됐다. 혹한기 훈련 당일 엄청난 폭설이 내려 표지는 전혀 보이지 않았고 야간기동이라 눈이 내리지 않아도 확인하기가 쉽지 않았다. 머릿속이 또다시 백지가 된 J 대위는 결국 고참 소대장을 시켜 길을 찾아오라고 했는데, 고참 소대장도 악천후 속에서는 길을 찾기가 쉽지 않았다. 결국은 실족해서 움푹 파인 눈구덩이에 빠졌고, 소대장이 돌아오지 않자 J 대위는 시간이 없다며 엉뚱한 길로 혼자 들어갔다. 소대장을 잃은 소대원들은 소대장을 찾으러 따로 산속의 눈밭을 헤집고 다녀야 했다.

제때에 계획된 곳까지 도달하지 못한 J 대위의 중대 때문에 대대장은 그를 무전으로 찾았다. 나중에 대대장이 호통을 치자 그는 소대장이 길을 잃어서 찾느라 늦었다는 거짓 보고를 했다. 게다가 소대장을 따로 불러 입막음까지 시켜뒀다니, 그의 머리는 아무래도 액세서리였던 것 같다.

》》 보급품을 밀거래한 군수장교

머리가 액세서리면 몸만 고생하는 게 아니다. 금전적으로도 손해를 본다. 특히 부대의 재산을 담당하는 군수장교의 머리가 액세서리면 그 부대는 몸도 호주머니도 고생해야 한다.

2006년 내가 중대장으로 복무할 때였다. 나보다 1년 후배였던 군수장교가 대위로 진급하면서 중대장으로 임무를 수행하기 위해 보병학교로 전출 가게 됐다. 그는 연대 내에서 일 잘한다는 평가가 자자했다. 그리고 대대의 보급품은 항상 '퍼펙트'했다. 적어도 후임 군수장교로 내정된 K 중위가 오기 전까지는 말이다.

일주일간의 업무 인수인계가 끝나자 군수장교는 예정대로 보병학교로 떠났고, K 중위가 신임 군수장교로 임무를 수행했다. K 중위는 부대 상황회의 때마다 졸았는데 처음에는 "부대 업무 파악으로 밤샜다"는 그의 이야기를 모두 다 믿었고 약간의 주의만 줬다. 그런데 그는 졸린 듯한 눈과 말투 외에도 뭔가 묘한 느낌이 드는 인물이었다. 압둘라 대위처럼 외모로 묘사하자면, 마치 모아이 석상과 비슷한 외모에 느릿느릿한 행동으로 사람을 방심하게 만드는 마력을 지녔다.

난 화기중대장이었기 때문에 81밀리 박격포의 야간등명구와 부수기재들이 낡아 교체가 필요하다고 군수장교인 K 중위에게 업무 협조를 부탁했다. 그와 눈이 마주치는 순간 '그래, 잘할 거야'라고 안심했는데 예정일이 한참 지나도 신청한 박격포 부수기재는 오질 않았다. 결국 K 중위에게 "저번에 교체를 부탁한 박격포 부수기재 어떻게 됐나?"라고 묻자 "곧 나올 거니까 기다리세요"라는 답변이 돌아왔다. 난 그의 말을 믿었다. 그런데 석 달이 지나도 긴청한 군수품은 오질 않았고 난 다시 그를 다그쳤다.

"원래 수리 부속이나 청구 물품이 늦는 건 일상적이지만 어째 이렇게 늦지? 곧 전투장비 사열이야. 여유가 없어."

그러자 K 중위는 느릿하게 바위 같은 입술을 열며 말했다.

"선배님, 제게 부탁하신 게 뭐였죠?"

어이가 없어진 나는 관련 문서를 내보였다. 그러자 그는 여전히 무표정으로 답했다.

"아, 그거. 너무 낡아서 제가 무기고 주변에 묻어버렸어요."

희망하는 부수기재를 받기 위해서는 낡은 부수기재를 반납해야 하는데 K 중위는 그걸 그냥 묻어버린 것이다. 그리고 그동안 내게는 곧 나온다고 거짓말을 한 것이다. 화가 나서 후배 중대장들과 함께 대대 군수과를 점검해보니, K 중위는 병들에게 일을 맡기고 사적인 업무에 빠져 있었다. 그는 업무 규정이나 절차를 전혀 몰랐다. '보호관심간부'였던 것이다.

나는 낡은 군수품이라도 사열 때 필요하니 묻은 곳으로 앞장서라, 그걸 파내서라도 목록을 맞추라고 윽박지르며 K 중위에게 현장검증을 강요했다. 그런데 그가 지목한 곳에서 정체 모를 나사와 볼트를 비롯해 삼중수소라는 방사능 물질이 들어 있어 취급주의가 필요한 독도경(야간에 지도 위에 올려두면 밝게 보인다) 등 별의별 군수품이 모습을 드러냈다.

그의 기이한 행각은 이걸로 끝나지 않았다. 전투지휘태세 검열(부대의 전 장비를 상급 부대에 검사받는다)을 앞두고 있었을 때였다. 대대에 나침반이 6개나 부족하다는 사실을 알게 된 K 중위는 인접 대대의 군수장교였던 J 중위와 은밀한 거래를 했다. 개당 1만 원에 나침반 6개를 구입한 것이다. 그런데 뒤에 안 사실이지만 J 중위는 자신의 대대에 나침반이 남아도는 걸로 착각했다고 한다. 하지만 K 중위에게 팔고 보니 7개가 부족하다는 것을 뒤늦게 알았고 결국 군용품을 판매하는 남대문시장에서 부족분을 자비로 구입했다. 그놈이 그놈인 '도찐개찐'이었던 셈이다. 게다가 K 중위가 J 중위에게 산 나침반도 사용 기간이 지나 이미 자력이 떨어진 것이었다.

결국 두 군수장교는 징계를 먹었다. 그리고 부대 내에서 '덤 앤 더 머'로 불리며 웃음거리가 됐다. 어려운 보급품 관리도 아니고 조금만 부지런하게 확인하고 꼼꼼히 짚어본다면 저런 황당한 사건은 일어나지 않았을 것이다. 간부의 멍청한 사고는 동료와 부대를 병들게 하고 자신도 조롱받는 피에로가 될 수 있다.

이해할 수 없는
간부들의 충성 논리

+

　영국 옥스퍼드대학의 수학 교수를 지낸 수학자이자 논리학자인 루이스 캐럴이 1865년에 발표한 《이상한 나라의 앨리스》는 전 세계적으로 유명한 동화다. 내용을 대략적으로 살펴보면, 어느 날 앨리스가 회중시계를 꺼내 보는 토끼를 따라 이상한 나라로 들어가서 몸이 커졌다 작아지기도 하고 눈물의 연못에 빠져 기묘한 동물들과 만나는 등 재미있는 여러 사건들을 경험한다. 담배 피우는 애벌레, 가발 쓴 두꺼비, 체셔고양이 같은 희한한 동물들과 이야기를 하고 춤을 추며, 이상한 나라 재판에도 참석한다. 안고 있던 아기가 돼지로 변하는 황당한 일도 겪는다. 이 이상한 나라에는 기쁨과 눈물, 오해와 누명처럼 반대되는 일들이 뒤죽박죽 얽혀 있다.

루이스 캐럴은 이 동화를 통해 어린이가 어른에게서 독립된 존재임을, 그리고 어린이들의 내면세계가 무한한 상상력이 펼쳐지는 곳임을 보여줬다. 간부들의 세계도 군대를 가지 않은 사람이나 병들의 시각으로 본다면 이해하기 힘든 이상한 나라와 같을 것이다. 하지만 그 세계를 이해한다면 군 생활이 상당히 수월해질지도 모른다. 앞서 공명심과 나태함으로 비상식적인 행동을 하는 간부들의 이야기를 했다면, 여기서는 간부들의 이상한 문화와 심리에 대해 이야기하고자 한다.

이상한 건 전부 다 '충성'이다

》》 술 취한 곰을 모시다

내가 신병교육대에서 본부중대장을 할 무렵 대대장이 교체됐다. 그 전 대대장이 이미 임기가 끝나 다른 부대로 옮겼는데, 그 후임자가 없어 전방연대의 부연대장이 임시로 대대장으로 온 것이었다.

직책을 잘 모르는 독자들을 위해 간략히 설명하자면, 부연대장이란 연대장을 보좌하는 부지휘관이다. 하지만 대부분 연대장과 참모들이 임무를 수행하기에 특별한 임무가 없는 한직이다. 대부분이 대령 진급에서 멀어진 고참 중령들이기에 부대에서는 뒷방 마님 같은 존재다. 물론 이런 직함을 달고도 의욕적으로 부하들을 보듬어주며 부대 발전을 위해 노력하는 분들도 많지만, 한직이다 보니 대부분은 조용한 존재로 지낸다. 군대에서 직함에 '부'가 붙으면 대부분 이런 한직인 경우가 많다(부소대장은 제외).

다시 신병교육대의 임시 대대장으로 온 부연대장의 이야기로 돌아가자. 그는 내가 근무했던 전방연대의 부연대장이었고 연대장보다 군대 선배였다. 한직이라고는 하지만 나 같은 일개 중위가 알현할 정도의 존재는 아니었다. 선배 장교들의 이야기를 들어보니 한때는 군사교리 발전에 공헌한 업적이 커서 잘나갔던 분이었다고 한다. 그런데 어찌 된 일인지 계급은 중령이었고 직책도 부연대장이었다.

전임 대대장님은 육사 출신의 강직하고 청렴한 군인으로서 존경할 만한 분이었다. 신병교육대의 간부 이하 전 장병에게 존경의 대상이자 두려움의 대상이었다. 그래서 부대 역시 안정적으로 돌아갔다. 그런데 임시 대대장으로 오게 된 부연대장은 달라도 너무 달랐다.

신병교육대 선배 중대장들은 내게 "네가 ○○연대 출신이니 부연대장님 성향이나 즐기시는 것들이 무엇인지 잘 알잖아. 그분 취향을 좀 알려줘"라고 부탁했다. 전임 대대장 때는 전혀 없었던 일들이었다. 난 "제가 알 턱이 없죠. 아시잖아요. 대대참모는 고사하고 소대장만 했으니……"라고 응수했다. 그러면서 임시 대대장이긴 하지만 취임식과 업무 보고 준비에 열을 올렸다. 며칠 후 대대장 취임식이 거행됐고 그날 처음으로 부연대장을 대면하게 됐다. 부연대장의 첫인상은 거대한 곰 같은 느낌이었다. 50대 초반에 딱 벌어진 어깨와 우람한 팔을 본 순간 다큐멘터리에 등장하는 요세미티공원의 곰이 떠올랐다. 그는 연륜이 느껴지는 주름에 굵직한 경상도 사투리를 썼다. 취임식이 끝나자 부연대장은 계획된 업무 보고는 들은 듯 만 듯하더니만 다짜고짜 부대 내 전 간부를 소집시켰다.

다 모인 자리에서 첫 훈시는 "나는 대대장이 아니고 부연대장이다. 호칭에 주의해라. 그리고 부대 운영은 자율적인 분위기를 위해 작전장교에게 일임한다"라는 말과 함께 본부중대장이었던 나를 불러서 예정에도 없던 간부회식을 오늘 저녁에 당장 준비하라는 말을 남기고 홀연 사라졌다. 나는 부연대장 운전병이었던 K 상병에게 부연대장이 좋아하는 메뉴와 식당 리스트를 전달받았고 바닷가에 위치한 횟집을 예약했다. 본부중대장은 솔직히 말이 중대장이지, 대대급 지휘관의 비서나 부관과 같다. 그리고 작업을 전담하거나 5분 대기 임무를 전담하는, 한마디로 '노가다 조장'의 역할도 한다.

당시 나는 차가 없어서 콜택시를 타고 회식 장소에 도착해 준비를 했고, 일과가 끝나기 무섭게 중대장급 이상 대대참모들이 칼같이 회식 장소로 몰려들었다. 그날 저녁 회식은 부하들이 상관에게 충성을 다짐하는, 군대의 흔한 회식 분위기로 끝났다. 그런데 문제는 회식이 끝난 뒤에 발생했다.

부연대장이 그냥 회식 자리를 떠나버려, 계산을 어찌할지 몰라 옆에 있던 지원과장(고참 대위)에게 물어보니 "통상은 회식을 하자고 건의한 상급지휘관이 내야 한다. 그런데 오늘은 취임식이고 하니 우리가 모신 걸로 하자. 중대장들에게 돈을 내라고 할 순 없으니 대대운영비와 본부중대운영비로 계산하자"며 둘이서 계산을 마쳤다. 회식하자고 하면서 분위기는 자기가 내고 돈은 부하가 내는 이상한 계산법. 난 '한 번은 괜찮아. '충성'인데 이 정도는 감수할 수 있지'라고 생각하며 횟집을 나섰다.

부대위병소에 들어갈 때 미량이지만 술 냄새가 나는 것 같아 위병소 근무를 하던 부하들에게 미안한 생각이 들었다. 그래서 평소와 다르게 "수고해라"는 말만 남기고 습관적으로 둘러보는 부대 울타리를 돌아보고 독신간부숙소(BOQ)를 향해 걸어갔다. 그런데 내 눈에 헛것이 보였다. 어둠 속에서 트레이닝복 차림의 노인이 비틀거리며 노래를 부르고 있었던 것이다. 잠시 후 군용 레토나 한 대가 비틀거리는 영감님 옆에 섰다. 뭔가 싶어 자세히 보니 졸린 눈으로 핸들을 잡고 있는 건 부연대장의 운전병이었다.

부대 안에서 술에 취해 돌아다니는 노인이 부연대장인 걸 알고서도 그냥 지나치면 부하 된 도리가 아니다 싶었다. 그래서 냉큼 부연대장 곁으로 다가섰는데, 이때부터 개그 프로그램에서나 볼 법한 콩트가 연출됐다.

"넌 누구냐?"

"네. 본부중대장입니다."

"네가? 여기는?"

"신교대대 연병장입니다. 제가 모시겠습니다."

익숙한 장면을 떠올리는 독자들이 있을 거라 생각한다. 예상대로 부연대장은 곱게는 따라오지 않았다. 내 머리를 쥐어박거나 뒤통수를 손바닥으로 후려치기도 하고, 내 엉덩이에 발길질도 서슴없이 했다. 근엄한 지휘관의 모습은 아니었다. 글쎄, 동물로 표현하고 싶지만 참겠다. 그래도 한때 모시던 지휘관이었으니.

난 우격다짐으로라도 차에 태워 모시려고 했다. 하지만 부연대장은 내게 걸쭉한 욕을 퍼부으며 차에 오르는 걸 거부했다. 하는 수 없이 숙소로 향하니 자기도 독신간부숙소로 가겠다고 따라오는 것이었다. 시간이 늦어 미혼 간부들이 다들 잘 시간인데 막무가내로 따라오겠다니, 난 미칠 지경이었다. 아니나 다를까, 부연대장은 독신숙소에 도착하자마자 전 호실의 문을 마구 두들겨댔다. "어이! 다 나와라. 술 한잔 하자"며 말이다. 그는 한 부대의 지휘관이라기보다는 술독에 빠진 동네 어르신에 가까웠다.

나는 내 방으로 부연대장을 모셨다. 부연대장은 간부들 깨워서 각 방에 있는 음료나 술, 안주거리를 다 가져오라고 했고 난 충성이란 명목 아래 시키는 대로 행동했다. 그런데도 그는 술이 없다, 안주가 없다며 고함을 쳐댔다. 난 병들의 기본권인 수면권을 침해하면서까지 피엑스병과 취사병을 동원해 주안상을 차렸다. 물론 그 돈은 내 신용카드에서 지불했다. 독신 간부들과 '주안상 작전'에 투입된 병들의 원망도 내 몫이었다.

참고로 당시 신병교육대의 경우 인가된 취사병은 고작 4명이었고 약 800명 이상의 밥을 해야 했기 때문에 고된 작업과 수면 부족이 다반사였다. 그리고 이날 만든 안주는 병사식당 부식으로 만든 것이었다. 병들이 먹을 음식이 엉뚱하게 지휘관의 입에 들어간 것이다. 거의 횡령이나 절취에 가까운 행동이었다. 지금 생각해보면 왜 장교라는 양심으로 부연대장에게 항명하지 못했을까 하는 후회가 든다. 여하튼 새벽 5시에 술자리가 끝나고 부연대장은 대대장실에서 잠들었다. 술 마시는 곰의 이상한 행보는 이렇게 시작됐다.

》》 간부들의 '충성' 테니스

대한민국 청년을 강병으로 양성해야 하는 신병교육대가 술 마시는 곰의 출현으로 점점 요세미티공원으로 변해가기 시작했다. 곰 부연대장은 전방연대의 좁은 사무실에서 해방돼 야생 본능이 살아난 듯, 신병교육대를 무한놀이공원으로 바꾸는 작업을 진행해나갔다. 그중 몇 가지만 이야기하고자 한다.

우선 신병교육대 녹화사업이 있다. 난 원래 나무나 꽃을 좋아하는 편이었다. 하지만 부연대장의 임업육성정책에 따라 원예농업 일꾼으로 전락한 후 세상의 꽃과 나무가 적으로 느껴졌다. 부연대장은 신교대 전체에 노란 개나리를 심으라고 지시를 내렸다. 심지어는 교장 주변 진입로마저도 개나리로 도배하라고 했다. 또한 지시는 내리나 예산을 주지 않는 그의 전지전능함에도 어이가 없었다. 결국 본부중대 행정보급관이 지인들을 동원해 묘종을 얻어왔고, 나 또한 부족분을 본부중대 특공대(작업 잘하는 특별공작대)와 함께 야간에 부대 주변 야산에서 몰래 캐내어 옮겨 심었다.

그리고 신병교육대에는 테니스장이 있었다. 전임 대대장은 테니스를 잘 치지 않는 대신 부하들과 마라톤을 즐겼다. 그는 인력과 예산이 많이 드는 테니스장 관리보다는 병들의 복지에 관심이 더 많았다. 그래서 테니스장은 기본적인 관리 외에는 별다른 일이 없었다. 하지만 부연대장은 달랐다. 그는 테니스광이었고 테니스와 함께 다과를 즐기거나 야외 바비큐를 즐겼다. 결국 난 작전장교의 특명을 받고 '테니스 선수촌' 작업에 투입됐다.

부연대장은 오후 한 시가 되면 식사 후 졸린 몸을 풀어야 한다며 중대장들을 매일 테니스장으로 집합시켰다. 부대 운영은 전혀 안중에도 없었고 일과가 종료될 때까지 계속 경기가 이어졌다. 부연대장의 테니스 실력은 가히 윔블던 수준이었다. 그래서인지 센스 있는 선배 중대장들은 시도 때도 없이 부연대장의 눈에 들기 위해 맹연습했고, 이 유행은 테니스장의 야간개장으로까지 이어졌다.

이런 분위기다 보니 부연대장을 기쁘게 하려는 '충성 테니스'도 벌어졌다. 군대에서는 충성 축구, 충성 족구라는 용어가 있는데 이 '충성'이 붙으면 최고지휘관에게 충성하는 경기를 보여준다는 뜻이다. 예를 들면 축구를 할 때 지휘관이 골을 넣을 수 있도록 패스를 한다든가, 티 안 나게 골을 넣도록 피해주는 식이다. 말하자면 티 나지 않게 지휘관에게 져주는, 좀 이상한 스포츠인 것이다.

여하튼 이 테니스선수촌 작업과 충성 테니스 때문에 테니스장은 견뎌내질 못했다. 테니스장의 생명은 지면의 평탄함과 모래가 고와야 한다. 그런 조건을 갖추려면 인력과 돈이 많이 든다. 여기에 야간개장으로 조명 시설까지 갖추려면 본부중대와 대대지원과의 한정된 예산으론 역부족이었다. 부연대장이 충성 테니스와 함께 벌이는 다과와 야외 바비큐까지 충당하자니, 충성이란 과연 무엇인가란 생각도 들었다. 또한 내 부하들도 내게 이런 감정을 가지고 있는 건 아닌지 깊은 반성도 하게 됐다.

그렇게 테니스를 즐기는 곰 부연대장은 술을 좋아하는 만큼 요리도 좋아했다. 입도 여간 고급이 아니었다. 고급 한우나 한돈이 아니면

입에 대질 않았고 그런 상급 고기도 천연숙성된 것만 먹었다. 그런 부연대장이 하루는 날 불러다 놓고 "어이, 본부 고기는 같이 먹어야 맛이 나는 거야. 나 혼자 먹으니 맛이 별로야. 그리고 다들 고생하니 내가 고기를 좀 먹여줘야지"라며 대대장 관사에 파라솔과 바비큐 드럼을 만들라는 지시를 하달했다.

바비큐 시설을 만드는 건 손쉬운 일이었지만 문제는 양질의 고급 고기였다. 게다가 예산도 없는데 고급 고기를 꾸준히 공급하는 건 실로 '증세 없는 복지'처럼 어려운 문제였다. 앞서 말한 테니스장 예산은 그나마 전 간부들에게 금전거출을 해서 어느 정도 해결할 수 있었지만 이건 어떻게 해결해야 할지 고민이 몰려왔다. 다행히 강원도 횡성이 고향인 본부중대 행정보급관이 고향 지인들을 통해 원가 수준으로 한우를 신병교육대로 공수했다.

하지만 아무리 원가 공급이라도 한계가 있다. 그 많은 중대장(신병교육대는 당시 5개 중대와 보충중대로 총 6개 중대였다)과 신병교육대의 고참 장교들로 구성된 참모들을 다 먹이기에는 예산이 따라주질 않았다. 선배인 지원장교가 상당 부분의 예산을 지원했지만 그래도 부족했다. 또한 바비큐에 계절별로 가리비, 새우, 대게 등의 옵션은 기본이었다. 간혹 철지난 해산물까지 요구할 때면 부대 주변 양식업자들에게 병력을 지원해 노임 대신 해산물을 받아오는 편법까지 동원했다.

이 밖에도 부연대장 덕분에 무수한 편법을 동원해야 했다. 지뢰탐지기로 신병사격장에 엄청나게 매장돼 있는 탄두를 회수해서 비철로 판다든가, 여름철 버려진 반려동물을 데려다가 짬밥을 먹여 분양하기도 했다. 맹목적인 충성은 이성을 마비시키고 부하들에게 편법을 강요하는 무언의 힘을 가지고 있었다.

한편 부연대장은 신병교육대 내에 있는 대대장 관사에서 살지 않고 전방연대에서 제공하는 군관사인 아파트에서 기거했다. 대대장 관사는 바비큐장으로만 사용됐는데, 부연대장은 빈 관사에 관상수와 과실수를 심어 수목원으로 만들라고 지시했다. 관사는 엄밀하게 말하자면 개인의 재산이 아닌 군의 재산이자 새로 부임할 대대장들이 기거하는 공동 시설이다. 하지만 부연대장은 개인의 취향으로 관사를 수목원처럼 꾸미고 병들의 부모 면회소로 활용하겠다고 한 것이다.

병사들을 위한 시설로 활용한다는 것은 좋은 취지지만 그 작업에 동원되는 것 또한 병들이다. 그리고 곰 부연대장의 속뜻은 상급 부대나 자신의 지인을 접견할 장소로 활용하려는 것이었다. 결국 엄청난 병력과 삽들이 동원돼 작업이 시작됐다. 인공호수가 윤곽이 드러날 무렵, 부연대장은 자신이 부연대장으로 속해 있는 전방연대 부사관들로부터 부조리에 대한 투서가 들어와 기무사의 조사를 받고 보직해임(보직을 강제로 해임시키는 징계)을 당해 신병교육대를 떠나게 됐다. 물론 연못은 술 마시는 곰의 포획으로 다시 메워졌다. 노련하고 용감했던 '부사관의 난' 덕분에 신병교육대는 다시 예전의 모습을 찾았고 기무사 출신의 강직하고 냉철한 대대장이 후임으로 오게 됐다.

그런데 웃긴 것은 그렇게 먹고 마시고 놀 때 충성이란 이름으로 부연대장을 추켜세우던 간부들 중에 그 누구도 부연대장에 대한 동정을 비치지 않았다. 오히려 내게 "본부중대장, 고생 많았지. 그때 나도 화가 났어"라며 부연대장의 흉을 봤다. 당시 나는 어렸지만 계급과 정당한 명령에서 나오는 권위와 그에 대한 진정한 충성이 존재하는지 회의가 들었다. 그리고 나 역시 불합리하고 이상한 충성 논리에 사로잡혔다는 생각이 들었다. 나도 모르게 소대장 때의 초심을 잃고 기성 간부들의 이상한 세계로 빠져들었던 것이다. 이때부터 군대를 다른 시각으로 보기 시작했다.

유쾌한 간부가 유쾌한 병을 만든다

+

군대에서 제일 고생하는 사람은 누굴까? 군인이라는 직업 자체가 험난하고 고되기에 모든 계급이 다 고생한다. 하지만 자의 반 타의 반으로 입대한 병들의 고생이 제일 클 것이다. 군대 내에서 벌어지는 구타 및 가혹 행위의 제일 큰 피해자이자 가해자 또한 병들이다. 그들이 피해자와 가해자가 되는 책임은 간부들에게 있다. 물론 과거와 달라서 구타나 가혹 행위를 단순히 군대만의 책임으로 물을 순 없다. 치열한 경쟁과 여기서 비롯된 개인주의, 차별 같은 사회 문제가 군으로 유입되고 있기 때문이다.

그러나 이런 사회적 문제가 군에 유입된다고 하더라도, 징병제도 아래 입대하는 청년들을 부모와 사회에 건강히 돌려보내야 하는 것은 휴전 상태의 군대에서 가장 중요한 책무이기도 하다. 이런 책무를 완수하기 위해서는 병들과 가장 가까운 위치에 있는 간부들이 건강하고 유쾌해야 한다. 그들의 건강과 심리 상태가 불안정하면 그들에게 지휘를 받는 병들도 병이 든다. 결국 초급 간부들이 건강해야 구타나 가혹 행위가 없는 건강한 내무 생활이 보장된다. 여기서는 건강한 초급 간부가 어떻게 병들을 건강하게 만드는지, 병든 초급 간부가 어떻게 병들을 병들게 하는지 이야기해볼까 한다.

망가진 간부는 망가진 병사를 만든다

내 주변 사람들은 종종 군 생활이 어땠는지를 묻곤 한다. 아마도 군에서 6년간 복무했고 군사 전문 기자라는 타이틀 때문일 것이다. 그럴 때면 난 "수학 공식에 나오는 코사인과 사인 곡선처럼 기복이 심했다"고 답한다. 소위로 임관하기 전에는 육군 소위라는 명확한 목표를 향해 고통을 극복하고 나갔지만, 압둘라 대위나 곰 부연대장 같은 지휘관을 만났을 때는 의욕을 잃고 바닥으로 떨어졌다. 그리고 그런 어려움 속에서도 나를 이해해주는 병과 부사관들을 볼 때, 인자한 지휘관이나 강직하고 곧은 지휘관들을 볼 때면 의욕이 다시 상승 곡선을 그리곤 했다. 그리고 이 코사인 곡선은 나뿐만이 아니라 내가 지휘하고 통솔하는 부하들에게도 영향을 미쳤다.

윤 일병 사건이 나기 전에 전방부대에서 대대 지원장교로 근무하는 동기생 K 대위를 만난 적이 있었다. 체구는 조그마한데 만화영화

〈짱구는 못 말려〉에 나오는 짱구처럼 엄청난 동안을 자랑하는 그는 놀랄 만한 이야기를 꺼냈다.

"요즘 군대 큰일이야. 우리 때도 저랬나 싶어. 요즘 중대장 어린이들 땜에 죽겠다. 예전보다 신체가 허약하거나 정서적으로 불안한 녀석들이 군에 많이 들어오는 건 사실이야. 그래서 생활기록부 정리나 병력 관리와 관련된 업무가 우리가 소대장, 중대장을 하던 시절보다 많아졌어. 그런데 어찌 된 일인지 간부나 병이나 그놈이 그놈이야. 물론 우리가 소대장 하던 시절에는 대학 다니다 온 놈들도 소대에 반밖에 없었지. 지금처럼 80퍼센트를 넘진 않았어. 그래서인지 모르겠지만 병들보다 더 사고력이 박약해진 것 같아. 예전에 선임병들이 소대장들에게 건의를 할 때는 그래도 건의다운 건의를 했는데 요즘엔 다들 소극적이야. 간부들이 잡무에 사로잡혀 피곤에 절어선지, 병들도 소극적이야. 심지어 어느 정도로 나태해졌냐면, 글쎄 나이 많은 선임병을 형이라고 부르는 하사들도 있어. 상급 부대 점검에만 신경 쓰지, 부대 내의 사소한 문제는 일부 목소리 큰 병들이 자기들 논리로 풀어가는 것 같아 걱정이다. 간부 사회에 있는 차별을 하는 문화가 병들 사회에서도 만연되고 있는 것 같아. 그러니 내무 생활이 제대로 되겠냐?"

그는 초급 간부들과 병들의 내무 생활을 걱정하며 푸념을 털어놓았다. 이런 이야기를 듣고 얼마 되지 않아서 동부전선 최전방에서는 임 병장 사건이, 서부전선에서는 윤 일병 사건이 발생했다. 서부와 동부, 일병과 병장, 피해자와 가해자로 극명히 나뉘는 사건이지만 이 사건들에는 공통점이 있다. 병들 사이에 만연해 있던 집단 괴롭힘이 원인이 된 것이다. 그래서 항간에는 '참으면 윤 일병, 폭발하면 임 병장' 이라는 말이 나돌기도 했다. 참으나 안 참으나 참혹한 결과가 나오기는 마찬가지라는 인식이 팽배해졌다. 두 사건의 또 다른 공통점이 있다. 그것은 책임 간부들의 무능이었다.

윤 일병 사건에서는 구타와 가혹 행위를 막아야 하는 초급 간부였던 유 하사가 그런 행위를 조장했고 심지어는 가담까지 했다. 나이 많은 선임병에게 모든 걸 일임하고 그 선임병을 형이라고 불렀다고 한다. 문제의 선임병이었던 이 병장은 내무 생활의 왕이었고, 분대장이었던 또 다른 선임병은 이 병장을 제지하지 못했다.

반대로 임 병장은 사건이 발생한 부대의 선임병이었지만 기수열외처럼 선임으로서 대우를 받지 못하는 입장이었다. 임 병장의 소대장 또한 보호관심병사였던 그를 제대로 돕지 못했다. 경계근무 투입 전후에 응당 했어야 할 수류탄과 탄약 확인도 이뤄지지 않았다. 간부가 망가지면 병들도 망가지는 것이다.

친구가 되어라, 즐거움을 나눠라

내가 소대장으로 부임했을 때 연대장은 내게 이런 말을 했다.

"문 소위, 훌륭한 소대장이 뭔지 아나?"

"기본에 충실하고 원칙을 따르는 것입니다."

그러자 연대장은 내게 이런 조언을 해줬다.

"자네는 정말 교과서적인 원칙만을 이야기하는군. 교육기관이나 책에서 배울 수 없는, 경험에서 나온 이야기를 해주지. 소대장은 부하들과 잘 노는 친구이자 동아리의 리더 같은 형이 돼야 해. 친해지면 모든 걸 이야기하고, 모든 걸 이야기하는 순간 모든 걸 따르게 된다. 소대장은 몸으로, 맘으로 지휘하는 거야."

처음에 난 연대장의 조언이 강하게 와 닿지 않았다. 난 장교이고 소대원들은 병인데 어떻게 친구가 되라는 것인가? 그리고 군대가 보이스카우트도 아닌데 왜 그들과 놀라고 말한 걸까?

소위로 임관하고 소대장으로 부임을 받은 곳은 동부전선의 최북방 22사단 56연대의 GOP 해안1소초였다. 소초에 도착했을 때는 깜깜한 한밤중이었다. 야간근무자들은 전부 경계근무에 투입됐고, 상황근무를 보는 상황병들 외에는 모두 잠들어 있었다. 내 전임 소대장은 근무 능력을 인정받아 대대 인사장교로 멀리 떨어진 대대본부에 있었다.

타 대대 소속의 임시 소대장과 함께 동반 근무를 하고 새벽에 소초로 돌아와 전투복 차림으로 잠이 들었다. 처음으로 낮과 밤이 바뀐 일과여선지 고단했던 것 같다. 얼마나 지났을까? 내 발밑에서 스사삭 하는 소리가 들렸다. 일어나 발을 보니 이등병 하나가 내 전투화를 닦고 있었다. 알고 보니 내가 잠든 사이 분대장이 내 전투화를 닦으라고 이등병에게 지시한 것이었다. 당혹스럽기도 하고 미안하기도 해서 구두약과 솔을 받아들고 직접 전투화를 닦았다. 그러고는 분대장을 불러서 "고맙지만, 내가 한다. 앞으로 이러지 마라"고 지시했다.

소대원들과 첫 대면은 과한 환영의식에서 시작됐다. 하지만 소대장인 내가 아는 것은 선임병들보다도 없었고 지휘력도 부소대장만큼 노련하지 못했다. 자잘한 실수가 많았지만 소대원들은 불평하지 않았다. 이상한 느낌이 들어 부소대장에게 소대 분위기에 대해 물어봤다. 부소대장은 나보다 두 살 위였고 중사 2호봉의 베테랑이었다.

"소대장님, 우리 애들 착하죠. 전임 소대장님이 저렇게 만드신 거예요. 여기가 화기중대라 다들 한 성격들 하는 놈들로만 모였는데 전임 소대장님이 노력을 많이 하셨어요. 소대원들 꾸짖어도 절대 자기 감정으로 다스리지 않았고 전방 생활의 무료함을 달래주려고 열악한 상황에서도 오락거리를 만드셨답니다. 항상 웃음을 잃지 않는 분이었어요. 소대장님, 앞으로 잘 부탁드립니다."

그제야 연대장의 가르침이 이해가 됐다. 간부가 웃으며 병들 속으로 들어가야 부대가 건강해질 수 있다는 걸 말이다. 그래서 나도 GOP를 떠날 때까지 다양한 오락거리를 만들었다. 침상과 침상을 넘나들며 즐기는 프로레슬링, 소대장배 철권게임 토너먼트 같은 오락을 만들고, 부상으로 당시 병들에게 인기 높았던 짜장라면을 개인 또는 분대 단위로 나눠 주기도 했다. 덕분에 나와 우리 소대는 작은 사고 한 건 없이 무사히 GOP를 철수할 수 있었다.

병들은 간부들의 지휘와 관리를 받아야 한다. 하지만 간부들의 정신과 육체가 병들면 제대로 된 지휘와 관리가 힘들다. 최근 초급 간부들은 너무나 지쳐 있다. 간부들이 활력을 찾아야 병들도 건강해진다.

출신이 어디인가? 간부들의 언어

+

군대는 다양한 청년들이 모여드는 곳이다. 장교, 병, 부사관 구분이 없이 다양한 이들이 모인다. 그런데 우리나라 군대에는 아주 독특한 구석이 있다. 바로 '출신'이다. 이 출신은 서울, 경기도, 전라도, 경상도 같은 지역을 말하는 것도 아니고 SKY나 지방대 같은 대학을 의미하는 것도 아니다. 바로 육사, 삼사, 학군, 학사, 간부사관 등의 임관 출신을 말한다. 특히 병력의 규모가 큰 육군의 경우 해군이나 해병대, 공군에 비해 이런 출신에 따른 차별과 알력이 심하다. 여기서는 그런 출신에 따른 간부들의 파벌과 그들의 언어에 대한 이야기를 할까 한다.

자네, 출신이 어디인가?

2002년 11월 눈이 내리던 겨울의 일이다. 압둘라 대위가 내게 지시했다.

"실전적 임무형 훈련을 거점에서 병력들이 뛰면서 순환할 수 있도록 다이내믹하게 기획해봐. 요즘 임무형 훈련이 강조되고 있는 거 잘 알지? 병력들 그냥 끌고 가서 이론 교육이나 시키다가 형식적으로 교탄만 소모하지 말란 말이야, 알겠어? 난 바쁘니까 삼 네가 선임소대장이니 잘 기획해서 사고 안 나게 훈련시켜봐."

그러고선 압둘라 대위는 어디론가 사라졌다. 말이 좋아 실전적 임무형 훈련이지 중대장이 자신의 지휘 복안과 명확한 임무 및 목표를 부하들에게 제대로 알려주지 않으면 임무형 훈련은 성립할 수 없다. 난 압둘라 대위의 지시가 너무나 추상적이라 고민하지 않을 수 없었다. 도대체가 그의 훈련 복안은 무엇인지, 훈련 목표는 무엇인지 알 수가 없어서 결국 두 가지 사항을 중심으로 정했다. 첫째는 리얼한 상황 연출이었다. 둘째는 힘들어도 재미가 있어 능동적으로 움직이게 하는 것이었다. 말단의 중위였던 나로서는 엄청난 고민을 한 후의 결과였다. 그리고 후임이었던 1, 2 소대장을 불러 모았다.

"중대장님이 실전적 임무형 훈련을 하라고 지시했다. 참고로 거점에서 병력들이 뛰면서 순환할 수 있는 훈련으로 하라고 하시는데 너희들 의견이 궁금하다. 너희들이 의견을 주면 그걸 살려서 내가 중대 전체와 각 소대별로 표준실습계획표를 만들려고 한다."

그러자 1소대장이 말했다.

"선배님 말씀처럼 실전적으로 훈련하려면 대항군을 운용해야 하지만, 저희 중대 자체 훈련에서는 대항군을 생동감 있게 운용하는 것이 힘들지 않습니까?"

"저도 1소대장과 비슷한 의견입니다. 대항군이 필요하긴 하지만 실제로 대항군 운용은 큰 훈련이 아니고서는 좀체 불가하다고 생각이 듭니다. 한 번도 해본 적이 없어서 무리라고 생각됩니다."

2소대장이 의견을 덧붙였다. 두 후임소대장의 의견을 들은 나는 이렇게 말했다.

"그래, 바로 그거다. 그래서 난 한 개 소대가 궤멸 직전인 상황을 부여하고 두 개 소대가 그를 지원하는, 말 그대로 절망적 상황을 부여하고 싶은 거야. 그래서 너희들의 도움이 필요하다. 우선 3소대의 2개 분대를 뺀다. 그리고 각 소대도 1개 분대씩을 뺀다. 그러면 적의 증강된 소대 규모의 대항군이 구성되는 거지. 가장 넓은 책임 구역을 맡은 우리 3소대가 뚫리면 당연히 각 소대에게 이를 저지하라고 명령이 떨어질 거고, 이런 급박한 상황이야말로 실전적 상황 아니겠어? 그래서 각 소대별로 1개 분대를 3일간 내게 보내줘. 내가 대항군 교육을 시키겠다. 그럼 앞으로 소대별 훈련 때도 전문 대항군 운용이 가능할 거야."

내가 구체적인 계획을 설명하자 1, 2 소대장은 찬성했다.

"오, 괜찮은 것 같습니다. 대항군 관련 교보재나 따로 생각해두신 훈련 교보재는 있으십니까?"

"내가 누구냐? 연대 최고의 밀리터리 마니아 문 중위다. 정보병과 초임 장교들보다 적 장비나 적 정보를 더 잘 안다. 너희는 나만 믿고 따라와.”

그렇게 간부 회의와 연구를 통해 계획을 완성했지만 문제는 어떻게 북한군처럼 리얼하게 대항군을 만들 수 있는지가 고민이었다. 상급 부대인 연대나 사단에서 투입하는 대항군도 빨간 머리띠를 하는 수준이었고, 상급 부대 대항군만큼 전투 기술이 뛰어나지 않은 일반 보병 중대의 병들을 데리고 복장과 말투, 전술까지 단시간에 대항군으로 만드는 것은 쉽지 않은 일이었다. 하지만 이런 리얼리티가 없다면 시각적 미디어를 접해온 신세대 부하들이 훈련에 흥미를 느끼지 못할 것은 불을 보듯 뻔했다.

그러던 중 잘생긴 우리 행정보급관(얼굴에 흉터가 깊게 패였지만 정말 전쟁 영화에 나올 것 같은 멋진 분이다)이 폐기할 물자들을 선별 중이었다. 이거다! 나는 그에게 다가갔다.

“행보관님, 이거 폐기하지 말고 교보재로 활용할 수 있을까요?”

“음……, 소대장님, 얼마나 필요하십니까? 가능한 한 도와드리겠습니다.”

그렇게 행정보급관의 도움으로 민무늬 스키파카(경계근무 때 입는 방한복) 30벌을 확보할 수 있었다. 행정보급관이 내게 물었다.

“그런데 이 낡은 민무늬 스키파카와 전투복으로 대체 뭘 하시려는 겁니까?”

“그건 비밀입니다. 완성되면 제일 먼저 보여드리죠.”

나는 살짝 웃으며 말했다. 그리고 민무늬 스키파카와 전투복을 가지고 나와 혼자서 개조했다. 북한군 장교복은 밤색으로 물들여 비슷하게 색깔을 맞췄고 가지고 있던 소련군 금색 단추를 부착했다. 하전사용 전투복에는 당시로서는 첨단기기인 디지털카메라와 스캐너를 이용해 계급장을 출력하고 출력된 계급장에 접착투명지를 부착해 북한군 전투복과 전투모를 만들었다. 방탄헬멧은 커버를 벗겨서 붉은 별을 부착했다. 고향에 있는 친구들에게 부탁해 AK소총 모형도 구했고 나무무늬의 시트지로 소총의 개머리판과 총열덮개에 부착하니 정말 북한군 장비가 눈앞에 펼쳐지는 것 같았다.

북한군이 전투에 사용하는 위장 그물은 주변 어촌에서 버리는 그물을 주워 개조했다. 이렇게 작업하는 데 꼬박 사흘이 걸렸다. 적전술교범을 보면서 대항군 역할을 맡은 부하들의 교육도 끝마쳤다. 이제 압둘라 대위의 최종 점검만 남았다.

하지만 압둘라 대위는 어딘가에 신나게 전화 통화 중이었고 실습 계획표와 교보재는 쳐다보지도 않았다(나중에 안 사실이지만 그는 다음에 갈 보

소대장 시절 실전적 훈련을 위해 만들었던 북한군 군복(좌)과 당시 고생했던 부하들의 모습(우).

직 관리를 위해 상급 부대에 전화하고 있었다). 대신 대대 작전장교에게 보고하고 훈련을 위해 중대원들을 거점에 투입시켰다. 대항군 투입에 대해 중대원들은 어느 정도 알고 있었지만 어떤 대항군이 나타날지는 전혀 예상하지 못한 상황이었다. 훈련 준비가 완료되자 나는 중대장을 대신해 중대 관측소에서 각 소대장들과 부소대장들, 그리고 대항군들에게 훈련 시작을 명령했다.

중대 거점 앞에서 훈련 효과음을 위해 준비해둔 폭음탄(폭발음이 심하게 난다)과 공포탄 소리가 터졌다. 그러자 중대 거점 전방 100미터 지점에 위장하고 숨어 있던 우리의 대항군 동지들이 인공기와 적기를 휘날리며 일제히 제일 취약한 3소대 거점을 향해 뛰어나갔고 대항군들은 사전에 내가 지도한 대로 "조국통일 만세!", "장군님 만세!", "미제와 남반부 간나들의 각을 뜨자!"라는 외침과 함께 공격해 들어갔다. 북한군 하전사(병과 부사관) 역을 맡은 중대원들은 신이 났는지 정말 리얼 액션으로 행동했고 얼이 빠진 중대원들이 다급하게 무전으로 상황 보고를 하기 시작했다.

훈련은 아주 성공적이었다. 그런데 갑자기 통신병이 무전기를 가져다주면서 "소대장님, 연대장님 호출입니다"라고 말했다. 뭔가 잘못된 것일까? 걱정하며 연대장 앞에 나아가자 연대장은 내게 "귀관, 중대장인가?"라고 물었다. 나는 반사적으로 "충성! 근무 중 이상 무! 9중대 교육훈련 중!"이라고 답했고 내가 중대장이 아니라 선임소대장임을 밝혔다. 연대장은 어안이 벙벙한 표정으로 물었다.

"이게 도대체 뭔가?"

난 준비된 상황판과 실습계획표를 펼쳐 보이며 훈련 상황을 브리핑했다. 그러자 연대장이 물었다.

"자네, 출신이 어딘가?"

"네. 부산입니다."

그는 황당해하는 표정을 지으며 다시 물었다.

"그럼 오기 전에 뭐했나?"

"학생이었습니다!"

연대장을 비롯해 연대장을 수행한 간부들이 크게 웃기 시작했다. 뒤에 연대 작전장교로부터 들은 이야기지만, 처음에 훈련 모습을 본 연대장은 최전방 지역에 소대 규모의 북한군이 출현한 줄 알고 깜짝 놀랐다고 한다. 하지만 자세히 들여다보니 훈련이었고 너무나 리얼한 연출과 병들이 적극적으로 임하는 모습이 기특해서 나를 호출했다고 한다.

하지만 더 황당했던 것은 출신이 어디냐는 연대장의 질문에 '학사 37기'라는 임관 구분이 아니라 '부산'이란 답변을 했던 거였다. 연대장은 내심 내가 육사 출신이길 기대했던 것 같다. 하지만 난 비육사 출신 장교였고 같은 해 임관하는 장교 중 가장 늦게 임관하는 학사장교였다. 그래서 뭔가 독특한 경력이 있을까 해서 뭐하다 왔느냐고 물은 건데 내가 학생이었다고 답한 것이다.

그때 처음으로 군대에서 출신에 대한 선입견이 강하게 존재한다는 것을 알았다. 이 훈련으로 연대장은 내게 연대장 표창을 주었지만, 압둘라 대위는 그걸 자기 계획이라고 우겨 더 큰 상을 받아갔다. 재주는

간부들은 병이나 일반인들이 이해할 수 없는 언어를 쓴다. 그 속에 간부들의 약점과 아픔이 존재한다.

곰이 부리고 공은 딴 놈이 챙기는 것이다. 내가 압둘라 대위에게 훈련 이야기를 하자 그는 "다른 소대장들은 나랑 같은 출신인데 너만 학사 출신이야. 두 번 다시 튀는 행동은 하지 마"라고 엄포를 놓았다.

늘 나를 달갑게 여기지 않았던 압둘라 대위의 만행은 그가 떠날 때까지 이어졌고, 이를 보다 못한 후임소대장들이 "선배님, 죄송합니다. 중대장이 저희와 같은 출신이라 부끄럽습니다. 선배님, 참지 마십시오"라고 이야기했다. 후임 소대장들이 너무나 고마웠다. 하지만 고등군사교육반(OAC, 중대장이 되기 위한 교육) 과정에서도 출신별로 보이지 않는 알력이 존재한다는 것을 몸으로 느꼈다. 출신별로 존재하는 시험 문제 족보가 그랬고, 군 경력을 관리하는 정보망도 출신별로 나뉘어 있었다. 여하튼 그때부터 상급자가 출신이 어디냐고 물으면 항상 "부산입니다"라고 답했다. 군대 내 출신에 대한 편견과 차별이 없어지길 바라면서 말이다.

간부들의 이상한 세계를 보여주겠다고 해놓고선 개인적인 경험을 너무 장황하게 늘어놓은 것 같다. 그리고 부사관들의 고충도 제대로 언급하지 못했다. 현역과 예비역 부사관, 그리고 부사관 희망자들에게 죄송하다. 아무래도 경험의 한계라는 것을 글을 쓰면서 느낀다. 내가 말단의 병과 부사관을 거쳐 더 높은 고급장교까지 경험했더라면 더 폭넓고 객관적인 사실을 전할 수 있었을 것이다.

병과 군을 경험하지 못한 사람들의 눈에 간부들의 세계는 말 그대로 이상한 나라일 것이다. 우선 간부들이 가지고 있는 높은 명예심이 이해되지 않을 것이다. 요즘처럼 고학력과 높은 스펙의 병들이 많아진 시대에 예전처럼 간부의 지성이 높다고 이야기하긴 힘들다. 오히려 병들보다 지성적인 측면이 떨어지는 간부들도 많다.

지성이 뛰어나지 못하면 지휘관의 그다음 무기는 인성과 감성이다. 인성이란 부하들에 대한 자애심에서 나오는 솔선수범과 희생정신, 확고한 국가관(진보, 보수의 영역이 아니다)과 직업군인 의식을 말한다. 하지만 지나친 경쟁 속에서 자라난 청년들에게 이런 인성이 자리 잡기는 쉽지 않다. 왕따와 차별의 문화 속에서 자라 군대의 차별 문화에 젖어드는 청년 간부들이 건강한 인성을 확립하기란 참으로 어려운 일이다. 하지만 간부로서 마지막 지휘 수단인 감성이 있다. 인간의 희로애락을 잘 표현하고 이용하는 것 또한 훌륭한 지휘 기법이다. 그렇지만 어릴 적부터 인터넷이나 게임 등 자극적인 감각에 노출돼 감성이 메마른 청년들에게 감성으로 지휘하라는 것은 가장 어려운 주문일지 모른다.

이렇게 청년 간부들의 상황이 병들보다 뛰어난 점이 크게 없으면서도 여전히 간부 사회에서 명예심을 높이 평가하는 것은 교육 때문이다. 선배 장교들의 모범과 타국의 훌륭한 사례들을 들으며 간부는 이래야만 한다는 사상이 주입되고 '난 간부다. 명예가 높은 사람이다'라는 자기 최면이 내면에 뿌리박히는 것이다. 하지만 명예는 내가 주장하는 것이 아니라 타인이 인정해줘야 한다.

간부의 세계는 외부의 의식을 읽는 것이 느리다. 명예와 도덕을 강조하는 간부들이 스스로 명예와 도덕을 떨어뜨리는 행동을 하는 경우도 많다. 자신의 지휘를 이용해 여군을 성추행하거나, 원칙과 형평성을 무너뜨린 고위직 간부에 대해 솜방망이 징계를 하는 걸 보면 다른 사람들이 간부들을 존경하기란 힘든 일이다. 물론 눈에 드러나지 않은 말단에는 아직도 양심적이고 성실하며 존경을 받을 만한 간부들이 분명 존재한다.

하지만 자기를 낮추고 말을 아끼는 간부들은 군에서 제대로 가치를 평가받기 힘들다. 앞서 소개한 사례처럼 충성이란 이름의 가짜 충성과 출신이라는 유리벽을 통과하기 힘들기 때문이다. 강요된 명예와 가짜 충성, 출신의 한계라는 이상한 세계의 적들과 장기 복무 신청, 보직 관리, 진급 같은 현실이 간부들을 저울질한다. 간부들은 겉으론 편해 보이지만 가슴으로는 힘들고 외롭다. 이런 심리를 잘 이해한다면 간부들은 기꺼이 친구가 돼줄 것이다.

간부들 또한 군인이기 이전에 고민을 하는 평범한 사람이다. 그리고 이들은 간부 사회의 고질적 문제점을 스스로 깨달아야 한다. 군인은 직업이기도 하지만 한편으로는 단순한 직업이라고만 할 수 없는 공익성과 희생이 요구된다. 간부는 사람을 상대로 하는 직업이다. 사람은 위만 있는 것이 아니다. 아래도 있고 좌우 양옆으로도 있다. 딱딱한 간부 세계의 틀을 깨고 사람을 대해야만 진정한 명예를 얻을 수 있다.

6장

민간인으로
진급하다

+

21개월의 군 생활, 국방부 시계는 거꾸로 놓아도 돌아간다. 그렇게 올 것 같지 않은 제대가 눈 앞에 보이기 시작한다. 요즘은 군 생활이 짧아져서 병장 기간이 4개월 남짓이지만 진급심사 에 누락돼 제대 무렵이 돼서야 병장을 다는 경우도 있어 말년병장이라고 불리는 기간이 상당 히 짧아졌다. 내가 소대장을 하던 시절에는 제대 3개월을 남겨둔 시점에서 병장들이 말년증후 군 증상을 보였지만, 요즘은 말년증후군이 제대를 한 달 정도 남겨둔 시점에서 나타난다고 한 다. 짧아진 말년이지만 군대에서 이 시기만큼 중요한 때도 없다. 그토록 꿈꾸던 사회로의 복귀 가 기다리고 있기 때문이다.

01

여유로운 말년 생활, 전략이 필요하다

+

2000년대 초반에 등장한 〈연예인 지옥〉이라는 플래시 애니메이션
은 스티붕유(유승준)와 아르헨도(이현도)라는 캐릭터를 통해 병역을 기피
하는 일부 연예인 및 지식층을 풍자해 현역과 예비역들에게 큰 인기를
끌었다. 또한 단순한 시대 풍자로서만이 아닌 군대 생활의 고단함을
과장된 효과로 디테일하게 묘사해서, 군대를 다녀온 남자들 대다수가
"야, 작가가 군대를 제대로 아는구나", "저거, 내 이야기다"라는 반응을
보냈다.

작품에 등장하는 장석조 병장과 손효석 병장은 말년병장으로 동기
다. 장 병장은 무릎에 물이 찼다며 훈련과 작업을 열외하고, 손 병장은
허리가 아프다는 이유로 훈련과 작업에서 열외한다. 생활관에서 숨어

지내는 두 병장은 작품 속에서는 비중이 없는 캐릭터긴 하지만 대한민국 말년병장들을 대표한다고 할 만큼 말년에 이른 병장의 일반적인 모습을 잘 보여주었다.

군 생활이 24개월이었던 때와 비교해 병장으로 복무하는 기간이 짧아져서 이제는 말년병장이 아무 일 없이 생활관에 숨어 대기한다는 뜻의 '말년대기'란 용어도 사라졌다. 하지만 정도의 차이만 있을 뿐 여전히 말년들의 말년대기는 끝나지 않고 이어지고 있다. 그런데 말년대기 중에 말년병장들의 행동은 예전과 달라진 것 같다. 내가 소대장으로 복무하던 시절의 말년병장들은 떨어지는 낙엽도 위험하다며 대부분 간부들의 눈을 피해 부대 내의 구석진 곳에서 낮잠을 자거나, PX에서 군것질을 하거나 오락을 하는 등 시간을 때우며 말년 생활을 보냈다. 하지만 요즘의 말년들은 예전보다 짧아진 말년병장의 기간을 소중하게 여기고 전략적으로 사용하는 것 같다.

소대장과 중대장을 마치고 참모장교를 할 때였다. 과거에 비해 연등을 신청하는 말년병장들이 늘고 있다는 것을 느꼈다. 군대에서는 원래 점오를 하고 일정 시간이 되면 일과표에 따라 전원 잠을 자야 한다. 하지만 야간 근무를 하는 당직 간부들에게 보고해서 11~12시 정도까지 수면 시간 연장을 희망하는데 이것이 '연등'이다.

연등을 신청하는 말년병장들은 대부분 복학 준비, 어학시험 및 국가시험 준비를 이유로 들었다. 아무래도 과거에 비해 혹독해진 취업 현실 때문에 군대에 들어와서도 스펙 쌓기를 소홀히 할 수 없게 된 것 같다. 할 일 없이 부대의 한적한 곳을 돌며 빈둥거리는 장석조 병장과 손효석 병장은 더 이상 군에서 찾아보기 힘들어졌다. 이제 21개월이란 시간은 사회와 분리돼 취업 시장에서 밀려났다는 불안감으로 작용한다. 하지만 우리 군의 제대군인 지원책은 제로에 가깝다. 말년병장들은 스스로 살길을 찾아나서고 있다.

여유롭게 주위를 둘러보라

이제 빈둥거리는 말년은 상상할 수 없게 됐다. 말년병장은 떨어지는 낙엽을 피해가면서 전략적으로 제대와 진로를 생각해야 한다. 스스로 자구책을 찾지 않으면 안 된다. 무기를 사야 한다며 떼를 쓰지만 장병 복지와 인적자원에 대한 투자에는 짠돌이인 군대가 여러분을 위해 내놓는다는 정책은 고작 군가산점 부활 정도다. 하지만 그마저도 최근 발생한 병영 내 사건 사고로 전반적인 국민 정서가 군가산점을 부활시키자는 쪽으로 기울어짐을 알고 군이 움직인 것이다. 그것도 법제처 같은 다른 관련 기관과 상의 없이 독단적으로 추진하려다가 결국 빈축을 샀다.

군가산점의 역사와 법규를 일일이 이야기하자면 지루하기 짝이 없다. 간단하게 말하자면 군가산점은 군대를 다녀온 사람에게 공무원 시험 응시 때 가산점을 주는 것이다. 국가를 위해 헌신한 장병들에게 공무원 시험이라도 가산점을 챙겨주겠다는 게 뭐가 문제냐고 생각하겠지만, 그 속을 들여다보면 돈 안 들이고 생색을 내겠다는 의도가 들어앉아 있다.

취업이 힘들다 보니 공무원으로 눈을 돌리는 청년들이 많지만 제대하는 모든 장병이 공무원으로 진로를 정하지는 않는다. 군가산점은 공무원으로 진로를 희망하는 제대자만을 고려한 정책이기에 여성과 장애인에 대한 차별뿐만 아니라 제대자에 대한 차별이기도 하다. 사실 제대 장병들에게 지원돼야 하는 전역 전 사회적응 교육이나 기타 교육 지원은 대부분 10년 이상 복무한 장기 복무 간부들에게 집중돼 있다. 10년 미만 복무한 간부와 병들에 대해서는 거의 방치 상태에 가까운 제대 지원을 하고 있다.

제대 전에 이뤄져야 할 사회적응 교육과 취업 교육은 현역 시절뿐 아니라 제대 후에도 거의 이뤄지지 않는다. 최근에는 부대 내에 설치된 사이버지식정보방(사지방)에 구축된 컴퓨터와 인터넷을 통해 대학의 강의를 원격으로 수강하는 원격강의제도가 실시되고 있다. 사이버지식정보방은 중대당 1개소를 기준으로 군내에 5,248개소를 운영 중이며, 장병 9명당 1대꼴인 4만 8,617대의 인터넷 전용 PC를 설치해두고 있다.

사이버지식정보방에서 원격강의를 수강할 수 있는 대학은 116개다. 2015년 5월 18일 협정서를 체결한 서울대를 포함해 서울 소재 대학은 13개교다. 하지만 익명을 요구하는 대학 관계자들은 "군의 원격강의가 제대로 된 수강 여건을 충족할지 의문이다. 형식적인 학점 인정을 위해 교육의 질이 저하될 가능성도 있다"고 이야기하기도 한다. 이런 형식적 교육은 병들뿐 아니라 간부에게까지 이어진다. 간부는 나중에 따로 언급하겠지만, 내가 제대 후 경험했던 취업지원 교육의 수

말년은 쉬는 시간이 아니라 자신을 둘러보는 전략적 시기다. 국방부 시계는 천천히 가는 것 같지만, 당신의 인생은 빨리 흐르고 있다. 군 생활을 바탕으로 자신의 미래를 스스로 써가는 작가가 돼야 한다.

준은 그야말로 '유치원 견학 교육' 수준이었다. 군대가 여러분에게 주려는 알맹이 없는 선물에 기뻐하지 마라. 결국 자신이 스스로 진로를 고민해야 한다.

사실 말년병장은 군 생활에서 어느 정도 여유롭다. 이 시기에 복학 준비나 시험 준비 같은 스펙을 쌓기 위해 노력하는 말년병장에게 하나를 더 부탁하고 싶다. 스펙 쌓기도 중요하지만 군 복무를 통해 얻은 것은 무엇인지, 작은 사회인 군에서 터득한 기술을 응용할 길이 없는지 여유 있게 생각해봤으면 좋겠다. 더욱 여유가 있는 사람은 독서를 권하고 싶다. 제대 전에 상처받은 마음을 먼저 치유해야 더 큰 걸음을 내디딜 수 있다.

대세나 누군가의 말에 따라 움직이지 말고, 말년병장의 포스와 여유로움으로 주위를 둘러보라. 때론 한발 늦춰 주위를 둘러보는 것이 더 빨리 갈 수 있다.

떨어지는 낙엽이 위험하다

말년병장 시기는 제대 후 자신의 진로를 위한 소중한 시간이다. 그리고 제대 전 자신을 둘러보는 여유를 즐길 수 있는 '힐링 타임'이기도 하다. 하지만 떨어지는 낙엽이 위험하다는 사실도 잊어서는 안 된다. 자신을 위한 시간을 늘려가며 활용해야 하지만, 단체 생활에서 튈 정도로 열외하면 의외의 낭패를 당하고 만다.

말년병장들 중에 자신을 너무나 사랑한 나머지 주변을 의식하지 않고 생활을 하는 일명 '망년'들이 꼭 등장한다. 간부들에게 대놓고 작업이나 교육 열외를 요구하거나, 고의적으로 보고를 하지 않거나 간부들의 레이더를 피해서 자신의 시간을 챙기는 얌체들은 망하는 군 생활로 끝난다.

예를 들면 이런 경우가 있었다. 제대를 한 달 정도 앞두고 있던 말년병장이 말년휴가 때 휴대폰을 몰래 반입했다. 위병소와 당직사령의 눈을 피해 휴대폰을 반입했는데, 부대 주변 개구멍에 휴대폰을 놓아두고 소지품 검사를 마친 후 개구멍으로 가서 챙겨온 것이었다. 그리고 나서 제대 하루 전까지 들키지 않고 사용했지만 연대 의무대에서 몰래 휴대폰을 쓰다가 업무차 들린 간부에게 적발됐다. 중대장은 대대장에게 "보안규정을 위배했지만, 사진이나 비문파일은 없고 영어 관련 mp3 파일만 있으니 선처를 부탁한다"고 사정했지만, 대대장은 보안규정상 병이 휴대폰을 소지해서는 안 된다는 이유로 군기교육 2일을 명령해 결국 제대일보다 하루 늦게 전역했다. 이런 사례는 아마 어느 부대에서나 비일비재하게 발생하는 사건일 것이다.

또 다른 사례는 말년병장이 훈련을 열외하고 대학 복학신청 기간에 맞춰 휴가를 나갔다가, 학교에서 술을 마시다 과음으로 계단에서 넘어져 발목에 골절상을 당해 대학 측에서 부대로 연락을 해온 사건이 있었다. 문제는 계단에서 넘어질 때 다른 학생들을 붙잡고 넘어져 다른 학생들도 다치게 된 것이었다. 이것이 문제가 돼 휴가를 허락해줬던 간부가 상급자에게 문책을 받게 됐고 결국 문제를 일으킨 말년병장은 군 병원에서 완치가 된 후 3일간의 군기교육을 받고 예정보다 2주 늦게 제대했다.

이 외에도 전역신고를 마치고 고향으로 향했지만, 전역신고를 한 당일 심야 0시까지는 현역 신분이란 사실을 잊고 전역 하루 전날 밤에 후임병을 구타해 피의자 신분으로 고향 집에서 끌려오는 사건도 있다. 2013년 11월에는 전방부대의 말년병장이 전역 하루 전 총을 닦고 반납을 하라는 간부의 지시를 받았음에도 불구하고 총기를 세탁기에 돌려 반납했다가 총기 이상이 뒤늦게 발견돼 전역 후 '상관명령불복종'으로 기소되는 사건도 발생했다. 이렇듯 말년병장들이 흔히들 갖는 '여태까지 괜찮았는데', '이젠 알아서 부대 돌아가잖아', '난 민간인이야' 같은 안이한 생각은 버려야 한다. 언제 어떻게 자신에게 위험한 결과로 돌아갈지 모른다.

말년을 사회 적응기로 생각하고 자기계발과 힐링의 시간으로 삼는 것은 좋지만, 지나치게 안이한 생각으로 도를 넘는 행동을 하면 반드시 낭패를 보게 된다. 여유 있는 말년 기간일수록 적당한 긴장이 필요하다. 전역 후 복학 준비나 자격증 준비를 위해 간부들에게 합당한 건의나 부탁을 하는 것은 문제가 되지 않는다. 다만 지나치게 이기적으로 행동하거나 여유를 넘어 방종으로 이어져서는 안 된다.

02

마지막까지
긴장해야 하는 이유

+

군 생활은 마지막까지 인내와 긴장이 필요하다. 특히 말년에 인내와 긴장을 완전히 던져버려서는 안 된다. 군 생활에서 나쁜 경험과 좋지 못한 경험을 많이 한 사람일수록 더욱 그렇다. GOP에서 동료들을 향해 총기를 난사했던 임 병장은 제대를 3개월 앞둔 말년병장이었다. 하지만 그는 동료들에게 느낀 멸시와 수모를 참지 못해 방아쇠를 당겼고 그 결과는 잔혹했다. 2015년 5월에는 예비군이 동원훈련장에서 총기를 난사해 동료 예비군 2명이 사망하고 총기를 난사한 예비군 또한 스스로 목숨을 끊었다. 자신을 둘러보는 노력과 인내가 있었더라면 벌어지지 않을 사건이었다.

하지만 인내만으로는 억울함이 풀리지 않을 수도 있다. 앞서 후임병 생활에서 군에서 당한 일들을 기록하고 증거로 남겨두라고 이야기 했는데, 이런 노력은 자기 자신을 위해 상당히 중요한 행동이다. 난 책에서 '인내'라는 말을 자주 사용했다. 군대는 분명 타인과 함께 생활하는 사회 조직이며, 임무의 특성상 더욱 인내가 필요하기 때문이다. 하지만 멍청하게 당하기만 해서도 안 된다. 복수는 폭력적이고 불법적인 방법이 아닌 비폭력적이고 합법적인 방법을 택해야 자신과 소중한 사람들을 위해 현명한 결과를 얻을 수 있다.

요즘 사회가 청년실업과 고용 불안정으로 힘들다고 하지만, 여전히 군대보다 사회가 훨씬 즐겁고 안락하다. 간부로 복무하고 군대를 사랑한 나 역시 사회가 군대보다 좋다는 점을 여실히 느끼고 있다. 나도 군에서 말 못 할 억울한 일을 많이 겪었다. 다행히 그 억울함을 잘 참고 견뎌냈지만 제대 후에 그 억울함이 사무쳐 잠이 오질 않았던 날도 길었다. 그래서 국민권익위원회나 인권위원회를 찾아가 상담을 받기도 했지만 상담자의 답변은 "입증할 증거가 약해요. 군부대에 자료를 요청해서 준비하셔야 합니다"라는 말뿐이었다. 하지만 전역한 군인에게 군대는 너무나 견고한 철옹성이었다.

제대하고 떠들어봐야 원맨쇼다

난 간부로 제대했기 때문에 내 사례가 병들에게도 얼마나 적용될 수 있을지 모르겠지만, 나도 군에서 당했던 부당한 대우에 대해 제대 후 국방부에 수차례 민원을 제기한 적이 있다. 하지만 군에서는 내게 부당한 행위를 가한 자들이 이미 민간인 신분이고 자료 보관 기간이 지나 내가 복무했던 기록들 대부분이 파기됐다는 답변만 돌아왔다. 부당 대우를 당한 게 있다면 개인이 당시 관련자들을 찾아 자료를 제출하고 이의를 제기하라는 것이었다.

내가 현역 시절 당한 부당한 대우는 여러 가지가 있지만 아직까지 날 괴롭히는 것은 오른발의 관절염이다. 난 제대하기 전에 군의관으로부터 퇴행성관절염이라는 진단을 받은 적이 있다. 비만으로 인한 관절염이라고 이야기하는 주변인들도 있지만 나를 최종 진단했던 군의관은 "체중으로 인한 관절염이 아니라 급작스런 충격과 부상으로 인해 연골이 떨어져나갔다. 제대 전까지 뜀걸음이나 행군은 절대로 피하는 것이 좋다"고 말했다.

그런데 2002년 부상 당시 진료 기록이 전산화 과정에서 사라졌다. 2007년에 재진단을 했던 군의관은 내가 중2 때 다친 걸로 기록이 돼 있는데 어떻게 중2 때 이런 부상을 입고 장교로 임관했느냐고 반문했다. 난 그제야 내 부상 기록이 온전하게 기록돼 있지 않다는 사실을 알게 됐다.

내 관절염의 계기는 훈련 중 중대장의 무리한 지시로 실족을 하면서였다. 그 일로 난 오른쪽 발목을 크게 다쳤고 바쁜 부대 임무 때문에 다리 치료를 포기하다시피 해서 계속 악화됐다. 보다 못한 후임소대장들과 중대 행정보급관이 대대 군의관에게 부탁해서 군단병원으로 치료를 받으러 갔지만, 지휘관 교체 전이라 선임 장교로서 중대를 비워둘 수 없어 입원 권유를 뿌리치고 돌아왔다. 3개월 정도가 지나서야 부기가 완전히 빠졌는데, 걷는 데는 지장이 없었지만 오르막 뜀걸음에서는 항상 오른발이 말썽이었다.

그 후 2005년 군 병원에서 발목이 너무나 불편하다고 군의관에게 증상을 말하며 "중위 때 부상을 당했는데 아직도 아픕니다"라고 했는데 그 군의관이 '중2'라고 기록했던 것이다. 이 오기록은 내가 제대할 때까지 이어졌고, 군을 상대로 한 공상처리도 이 기록 덕분에 아직도 받아들여지지 않고 있다. 2007년 제대를 두 달 앞두고 다른 군의관이 최종으로 내린 진단은 외상으로 인한 관절염이었지만 유격훈련과 행군에서 어떤 조치도 받지 못하고 악화된 상태에서 제대를 할 수밖에 없었다.

5장에서 언급했던 이상한 상관들에게 당한 인사 조치나 금전 문제도 이제는 자료 보존 기간이 지나서 입증할 수 없다. 나의 공식 복무 기록은 국방부에서 발급하는 장교자력표 상의 기록이 존재하지만, 이 기록과 내 복무 기록은 전혀 다르다. 그렇기에 근거를 제시할 길이 원천적으로 막혀버렸다. 그때는 제대 후에도 이런 억울함이 이어질 것이라는 생각은 물론 증거를 남겨둘 생각도 못 했다. 군대에서 당한 억울함은 제대 전에 꼭 기록해두도록 하라. 그래야만 나중에 보상받을 수 있다.

03

우리의 주적은 간부? 그들을 활용하라

+

병으로 복무한 많은 사람들이 "우리의 주적은 간부다"라는 말을 한다. 주적이란 말은 주된 적, 가장 위협이 되는 대상을 의미하는데 원래 군에서 주적은 북한군을 의미한다. 그렇다면 병들에게 간부는 북한군보다 더 무섭고 증오해야 하는 대상일까?

결론부터 이야기하면 간부는 절대로 병들의 주적이 아니고 그렇게 될 수도 없다. 단지 간부들이 병들을 관리 감독하는 입장이다 보니, 간부들의 명령이나 지적이 올바르지 못한 경우 생기는 반감이나 병들을 이해하지 못하는 간부들의 행동에서 오는 거리감이 이런 말들을 만들어낸다. 특히 말년병장들이 이렇게 생각하는 경향이 있다. 그 이유는 간부들이 "제대를 앞두고 있는데 선임으로 더욱 모범을 보여라", "유

종의 미를 보여라"등 느슨해
진 모습을 용납하지 않고 더 관
리 감독하려 하고, 말년병장은
말년병장대로 이에 대한 불만과
반감이 강해지기 때문이다.

하지만 간부들을 잘 이용하
면 든든한 동맹군으로 만들 수
있다. 나쁘게 말하면 일종의 밀
약과 같은 것으로, 내 경우 말년
을 보장해주고 싶은 병장과 전
혀 그렇지 않은 병장이 확연하
게 나뉘었다.

군대에서 '우리의 주적은 간부'라는 이야기가 있다. 그
정도로 일부 못난 간부들이 병들에게 부리는 행패가 심
하다. 하지만 제대 후 일은 아무도 모른다.

간부 활용법

우선 말년병장을 도와주고 싶어 하는 간부의 심리부터 살펴보자.
자대에 갓 부임한 초임 간부냐, 제대나 전출이 임박한 고참 간부냐에
따라 상황이 달라지는데, 초임 간부의 경우 나이도 말년병장들과 크게
차이 나지 않고 자대 생활을 잘 몰라 갈팡질팡한다. 특히 소대원에게
자신의 권위를 인정받고 싶어 하는 경향이 크다.

내가 소위 계급을 달고 처음으로 자대에 도착했을 때 솔직히 앞이
막막했다. 병들이 간부들을 길들이려고 하는 '소대장 길들이기'라는

게 존재했던 시절이라 요즘보다 더 병들과 팽팽한 기 싸움을 해야 했다. 이럴 때 간부들은 통상 부하들에게 먼저 다가가려 하지 않는다. 오히려 말을 아끼거나 자신의 속내를 보이지 않으려고 노력한다. 부하들의 조언도 그대로 받아들이지 않는 경우도 많다. 그래서 벽창호 같은 FM(원칙주의)으로 일관하게 된다.

하지만 내심 엄청난 외로움을 느낀다. 나이 어린 초임 간부들에게는 상당히 큰 심리적 부담인데, 이때 말년병장이 조심스럽게 접근하면 그들은 의외로 아주 쉽게 무너져버린다. 초임 간부에게 먼저 마음을 열어주는 오대장성의 여유가 필요하다.

예를 들면 후임들에게 근엄하게 "간부님 식사하셨는지 확인했냐? 식사를 못하셨다면 식당에 밥을 챙겨둬라", "간부님 전투장구류 상태를 확인해봤나? 분대장, 확인 좀 해줄 수 있어?"라고 후임들에게 부탁하는 모습을 보이면 초임 간부들은 표현은 하지 않지만 고맙게 생각한다. 그리고 그 말년병장에 대해 상당한 신뢰를 갖게 된다. 설령 실수를 하더라도 '원래는 모범적인데 긴장이 풀렸구나. 내가 이해하자'고 생각하며 최대한 배려하려고 한다.

짬밥이 있는 고참 간부들에게는 좀 다른 방법이 필요하다. 특히 전역을 앞둔 간부들은 심리적으로 말년병장과 크게 다르지 않다. 그들도 제대 후의 불확실한 진로와 미래에 대해 고민하거나, 제대 날짜를 기다리며 업무에서 멀어지려고 한다. 이런 간부들에게 다가서는 방법은 별다른 노력이 필요 없다.

"간부님은 제대하고 뭐하십니까?", "힘드시지 않습니까?" 등 서로의 처지를 이해하는 가벼운 인사말로도 충분히 가까워질 수 있다. 아주 쉽게 꺼낼 수 있는 말이지만 의외로 간부들에게 먼저 다가가는 말년병장들이 드물다. 대부분 간부들의 눈만 피하려고 할 뿐이다. 하지만 말년간부들의 경우 충분한 교감을 나눌 수만 있다면 병장의 제대 준비를 잘 지원해준다. 이를테면 일과 중에 공부를 하고 싶다면 자기계발 시간을 배려해준다든가, 간부연구실과 같은 공개적인 장소를 제공해 주기도 한다.

거짓 없이 솔직 담백하게 다가오는 부하에게 맘을 열지 않는 간부는 거의 없다. 특히 젊은 간부일수록 더 병의 편에 서려고 한다. 그렇기에 간부를 적대시하거나 그들에게서 멀어지려고 요령을 피우는 것은 오히려 역효과를 부른다. 내 경우 말년간부 시절 말년병장들과 일본어 스터디를 간부연구실에서 하기도 했고, 지인으로 알고 지내던 미국인 영어강사를 초빙해 회화 공부를 같이 한 적도 있다. 그때 가까이 지내던 말년병장들이 아직도 '카톡 친구'로 돼 있다. 말년에 친해진 간부는 영원한 벗이 될 수 있다.

말년병장을 돕고 싶은 간부의 심리를 살펴봤다면, 이번에는 정말 때려죽여도 도와주고 싶지 않은 심리에 대해 알아보자. 초임 간부의 경우 소극적이거나 생떼를 쓰는 말년병장에게는 제대 준비를 도와주지 않는다. 초임 간부 대부분은 자신의 지위를 확립하고 싶어 한다. 그래서 소극적으로 병영 생활에 임하거나 생떼를 쓰며 자기 편의를 내세우는 말년병장들을 자신의 지위와 권위에 도전하는 장애물로 생각하고 더 많은 간섭과 관리를 하려고 든다. 그런 말년병장을 꺾음으로써 자신의 위신을 세우려고 한다. 간부로서 '지나치게 관대하다', '떼를 쓰면 된다'는 선례가 남으면 상급자에게 무능한 간부라는 인상을 줄 것이라고 생각하기 때문이다. 설령 정당한 부탁을 해도 그 부탁을 곱게 보지 않는다. 경험이 많지 않은 초임 간부들이기에 말년병장에 대한 이미지가 한번 정해지면 제대할 때까지 그 이미지로 보는 경향이 있다.

말년간부들이 말년으로 접어들어 나태해진다고 해도 말년병장들보다는 더 오래 군 생활을 했기 때문에 그들의 심리를 간파하고 있다. 그리고 더 군 생활의 노련함이 배어 있다. 말년간부들이 싫어하는 말년병장은 '거짓말쟁이'다. 어설픈 거짓말로 무책임하게 열외하려는 말년병장에 대해서는 제대하는 날까지 집요하게 괴롭힌다. "너희들이 군 생활을 나보다 길게 했냐? 나를 만만하게 본 거냐?"라며 쾌씸한 심기를 아주 교묘하게 돌려서 표현한다.

내 부하 중에 잔머리 100단이 있었는데, 전역 후 복학 준비도 게을리 하면서 어딘가에서 숨어 놀거나 잠만 자려는 녀석이 있었다. 내게는 후임병들을 위해 조리 지원을 하고 싶다며 취사장 작업으로 배정해 달라고 부탁했다. 하지만 난 그 녀석이 취사장 부식창고에 숨어 부식이나 훔쳐 먹으며 잠을 잘 것이라는 걸 직감했다. 낮에 행정 업무를 마치고 부대순찰을 돌다가 취사장으로 향했다. 취사장에서 거짓말쟁이 병장을 찾았지만 보이지 않았다. 취사병들은 대대주임원사가 불러서 갔다고 이야기했지만 그 말에 전혀 믿음이 가지 않았다. 그래서 속는 척하며 "그래, 그렇구나"라고 대답하곤 부식창고로 향했다.

정말로 그 병장은 부식으로 온 사과 박스 속에 몸을 숨기고 사과를 먹으며 만화를 보고 있었다. 나는 허술한 부식창고의 문고리에 숟가락을 꽂아 잠가버렸다. 그리고 다른 병들에게 창고 문을 열지 말라고 지시했다. 한참을 기다리니 문을 쿵쿵 두드리는 소리가 들리기 시작했다. 문이 열리지 않으니 욕까지 해대는 거짓말쟁이 병장. 결국 문을 열어주었고 그의 일탈이 발각됐다. 거짓말의 결과는 '중대장실 대기'와 반성문이었다. 제대하는 날까지 거짓말쟁이 병장은 나와 일과를 같이했다.

이 일화는 아직도 제대한 부하들과 술자리에서 안주 삼아 자주 하고 있다. 간부는 주적이 아니라 공동운명체의 동맹군이다. 말년병장들은 이 동맹군을 잘 활용하는 게 좋다.

예비군이
기다린다

✝

대부분의 말년병장들은 전투복에 개구리마크(예비군 마크)를 붙이면 다시는 군대가 있는 방향으로도 오지 않을 것이라고 생각한다. 하지만 대한민국은 현역 기간보다 훨씬 긴 6년이란 기간을 예비군으로 복무시키는 국가다. 즉, 제대를 해도 완벽한 민간인이 되는 게 아니라 예비역으로 군적이 변경되는 것뿐이다. 하지만 이런 사실을 알고 제대하는 예비역 병장들이 얼마나 있을까? 제대 후 부가되는 예비군 훈련과 법규에 대해 군에서 가르쳐주질 않으니 알 수 없는 게 당연하다. 하지만 몰라도 너무 몰라 꽤나 고생하는 예비군들을 예비군교관 시절에 많이 봐왔다. 여기서는 예비군 훈련을 위해 하지 말아야 할 것들과 준비할 것들에 대해서 이야기하려 한다.

날개 달린 대형 예비군 마크

야전상의 안에 입은 후드티

개조한 야상 무지 좋다

살쪄서 터질 것 같은 스키니진 전투복

제대하면 끝날 것 같은 병역의 의무지만 6년이라는 예비군 훈련이 남아 있다. 비록 짧은 훈련들이지만 만만하게 볼 것은 아니다.

스키니 군복은 6년이 힘들다

군복은 전투를 하기 위해 최적화된 기능성 의류다. 그런데 간혹 군복에 몹쓸 짓을 하는 말년병장들을 많이 봤다. 시대를 막론하고 군복에 해코지를 하는 건 여전한 것 같다.

내가 대학을 다니던 시절 예비역 선배들의 전투복 유행은 바지자락의 통이 넓고 왕고무링이나 소리가 나는 링을 바지자락에 넣어 입는게 유행이었다. 헌병대의 통이 넓은 바지를 모방한 디자인이었던 것 같다. 내가 현역 시절이었을 때부터는 야전상의 안감을 뜯어내고 사이즈를 줄여 입는 게 유행이었다. 점점 더 서구화돼가는 젊은이들의 체형과 패션이 스키니진과 같은 타이트한 스타일의 군복을 유행시켰다. 요즘은 이런 성향이 더 강해져 전투복을 더 타이트하게 개조해서 늘씬

하게 몸매를 드러내는 스타일이 유행하고 있다.

그런데 이런 군복 개조는 현역 시절엔 멋져 보일지 모르지만 제대 후에는 후회하게 된다. 대부분의 예비역들은 제대 후에 살이 찐다. 현역 시절에는 젊은 패기로 운동도 하고 규칙적으로 생활해서 몸매가 괜찮지만, 제대하면 대부분 운동 부족과 불규칙한 생활로 몸매가 망가진다. 당연히 배가 나오고 살이 찌는데 이렇게 되면 예비군 훈련 때 전투복이 맞지 않아 낭패를 본다. 실제로 예비군 훈련장에서 개조 군복으로 고생하는 예비군을 많이 봤다. 전투복이 여며지지 않아 풀어 헤쳐진 상태로 훈련에 참가하는 예비군들이 많은데, 개중에는 훈련 중에 전투복이 찢어지는 경우도 있다.

가을이나 겨울에 예비군 훈련을 할 때는 야전상의 안쪽 천지를 제거해서 훈련 중에 추위를 호소하다가 감기에 걸려 고생하는 경우도 심심찮게 봤다. 육군의 경우 병들에게는 근무복이나 정복을 지급하지 않기에 전투복을 '짜세(멋)' 나게 입기 위해 짬밥이 높아질수록 군복 개조를 많이 한다. 외국 전투복에 비해 그나마 기능성이 떨어지는 전투복을, 멋을 위해 기능을 포기하며 개조하는 기이한 행동이 병들 사이에 비일비재하게 일어나고 있다. 현역 시절에는 세 벌의 전투복을 지급받지만, 제대할 때는 전투복 한 벌과 야전상의 내외피 1착만 가지고 갈 수 있다. 그런데 전투복을 멋대로 개조하면 6년간의 예비군 훈련이 고달파진다.

예비군에게는 아무리 군복이 낡고 작아도 추가로 군복을 지급하지 않는다. 여력이 있는 예비군 부대는 피복대여소를 운영해 전투복을 빌려주지만, 그렇지 않은 곳이 더 많다. 예비군훈련장의 입소군기는 매년 더 강화되고 있다. 제대 후 타인의 군복을 빌려 입는 것도 한두 번이지, 매번 빌리러 다니는 것도 귀찮은 일이다. 별도로 구매하고 싶어도 신형 전투복으로 교체된 지 얼마 되지 않아 개별 구입도 쉽지 않다. 전투복은 전투를 하기 위해 입는 옷이다. 제대 후에는 예비군으로서 예비군복으로 활용해야 한다. 지금 당장 멋을 낸답시고 전투복을 개조하진 말아라. 전투복에 쓸데없이 돈과 시간을 쓰는 건 어리석은 일이다. 군복에 기괴한 행동을 하는 나라는 우리나라와 러시아 외에는 볼 수 없는 풍경이다(우리나라와 러시아는 징병제에 가혹 행위로 악명이 높다는 공통점을 지니고 있다).

전투복을 정중하게 차려입는 것이 진짜 멋이다. 촌스러운 스키니진이나 화려한 장식은 우리의 군사문화가 낙후돼 있음을 의미한다. 현역의 노고가 묻은 전투복을 예비군으로서 당당히 입는 것이 진정한 멋이지 않을까?

러시아군의 예비군(좌). 최근 병들 사이에서 유행하는 전역복(우). 전투복은 전투복일 뿐이다. 쓸데없는 병영문화는 끊는 것이 현명하다.

예비군 정보

》》예비군 편성

군인사법 제41조에 따라 퇴역한 군인 외에는 제대한 다음 해 1월 1일부터 12월 31일까지를 1연차로 편성돼, 매년 순차적으로 복무 연차를 적용한다. 예비군 연차는 1연차에서 8연차까지 예비군으로 편성하게 되는데 부사관 이상 간부는 예비군 연차와 다르게 계급별 정년으로 예비군에 편성되며, 예비군 훈련은 병, 간부 공통으로 1~6연차까지 훈련을 받는다.

간부예비군 편성 연령: 하사 40세, 중사 45세, 상사 53세, 원사 55세, 준위 55세, 소위~대위 43세, 소령 45세, 중령 53세, 대령 56세, 준장 58세, 소장 59세, 중장 61세, 대장 63세.

》》연차별 훈련 유형 및 훈련 시간

동원훈련(병력동원훈련소집): 1~4년차 예비군 중에 동원예비군으로 지정된 병, 1~6년차 동원지정 예비역 간부를 대상으로 실시하는 훈련이다. 매년 2박 3일의 입영훈련을 실시한다.

동미참훈련: 동원예비군으로 지정되지 않은 1~4년차 예비역 병, 1~6년차의 예비역 간부를 대상으로 한다. 동원예비군으로 지정된 예비군 중 동원훈련에 불참했거나 규정에 의해 동원훈련을 연기한 경우 또는 동원훈련 후 정당한 이유로 귀향 조치 및 조기퇴소를 했거나 동원훈련소집 명령을 받지 않은 경우 동미참훈련을 받게 된다. 간부와

공군의 병 출신 예비역은 2박 3일간 입영훈련을 받고 그 외에 예비역 병은 3일간 24시간을 출퇴근훈련과 12시간의 전·후반기 향방작계훈련을 이수해야 한다.

향방기본훈련: 5~6년차 예비군 중 동원지정이 아닌 향방(향토방위) 예비군으로 편성된 예비군들은 8시간의 향방기본훈련을 받게 된다.

향방작계훈련: 1~6년차 동원미지정 병은 전·후반기 각 6시간(총 12시간), 5~6년차 동원예비군지정 병은 6시간의 향방작계훈련을 받는다. 향방작계훈련은 주민등록에 등록돼 있는 읍, 면, 동에 설치된 지역 예비군 중대에서 훈련을 받는다.

》》 훈련 응소 절차와 주의 사항

훈련 준비와 응소 절차에 대해 알아보자. 예비군 훈련에 입소하는 예비군은 위아래가 동일한 전투복과 전투화, 전투모(베레모), 요대(전투복 벨트), 고무링을 착용해야 한다. 전투복의 경우 상의는 신형 디지털 전투복인데 하의가 구형 얼룩무늬 전투복인 것같이 통일되지 않으면 훈련에 입소할 수 없다. 예비군 훈련복장 통제는 매년 더 엄격해지고 있어 꼭 준수해야 한다.

만일 지정된 복장에 문제가 있을 경우 훈련부대에서 운영하는 피복대여소나 간이판매대에서 구입하면 된다. 예비군 부대 주변에서 요대와 고무링을 파는 일명 '고무링 아줌마'들의 격한 호객 행위에 현혹되지 말고 부족한 것은 훈련부대에서 해결하면 된다.

훈련에 참가할 때는 복장 외에 신분증도 꼭 지참해야 한다. 훈련소집 통지서를 가지고 있더라도 본인임을 증명할 수 있는 신분증이 없으면 훈련불참 처리가 되며 벌금 또는 구류 처분을 받게 된다.

2015년부터는 예비군 훈련 입소 시간인 오전 9시를 넘기면 훈련장에 입소할 수 없다. 정해진 입소 시간을 꼭 지켜야 한다. 이 시간은 동원훈련의 부대와 지역에 따라 달라진다. 육군의 경우 자신이 거주하는 행정구역(도) 내에서 동원훈련을 받으면 오전 9시까지 입소해야 하고, 행정구역(도)이 아닌 지역에서 동원훈련을 받으면 오전 10시까지 입소해야 한다. 해군과 공군의 동원훈련 입소 시간은 오후 1시이며, 제주 지역의 동원훈련 입소 시간은 오전 8시까지다.

훈련 입소 후 예비군은 현역과 동일하게 군인으로 법적 지위를 갖는다. 입소와 동시에 군인이기 때문에 현역 교관과 예비군 지휘관을 비롯한 예비역 교관의 통제에 따라야 한다. 예비군 훈련 중에는 시간 엄수, 복장 단정, 사격 군기, 절도와 패기, 명령 복종, 용기, 신의라는 예비군 7대 훈련 기조를 준수해야 한다. 물론 현역과 동일한 법적 지위라고 하지만 대부분의 예비군 부대는 어느 정도의 융통성을 발휘한다. 그러나 지나치게 통제에서 벗어날 경우 강제퇴소 등의 불이익이 따른다. 향방예비군은 대부분이 지역 주민들로 구성돼 있어 통제에 벗어난 행동을 하다가는 인심을 잃을 수도 있다.

2013년 관악구에서 훈련을 받을 때 예비역 중위 한 명이 훈련 중 난동을 부렸다. 결국 그는 강제퇴소와 전출을 당했다. 물론 동네에서 인심도 잃어 손가락질을 받는 경우도 있었다. 예비군이라고 해도 주위의 눈을 늘 의식해야 한다.

훈련에 불참한 예비군에 대해서는 별도의 보충훈련을 부과하고, 보충훈련마저 불참할 경우 향토예비군설치법 제15조 8항에 따라 1년 이하의 징역, 200만 원 이하의 벌금, 구류 등의 처벌을 받는다. 특히 동원훈련에 무단 불참하면 즉시 고발 처리되며, 고발 외에도 동원훈련에 재입영해야 한다. 동원훈련에 사정이 있어 불참할 때는 자신이 속한 동대(지역예비군 중대) 또는 병무청에 불참에 대한 경위서를 제출해 입영을 사전에 연기해야 한다. 동미참훈련, 향방기본훈련, 향방작계훈련의 경우 2차 보충훈련까지 무단으로 불참하면 고발 처리되므로 훈련 일정과 훈련 이수 상태를 동대 또는 예비군 홈페이지(http://www.yebigun1.mil.kr/)에서 확인해두는 것이 좋다.

7장

군 생활을
활용하라

+

이 책의 마지막 장까지 열심히 읽어준 여러분께 감사의 말을 전하고 싶다. 원래 이 책은 군대 생활 지침서로 쓸 생각이었는데 쓰다 보니 지침서 같은 내용도 있었지만 내 군 생활을 통해 군대의 부조리를 고발한 재미없는 고발서가 돼버린 느낌이다. 마지막 장은 '군 생활을 활용하라'라는 제목을 걸었지만, 군과 사회에 대한 나의 생각을 담았다. 문제 해결을 위한 방법이나 노하우보다는 반성하고 생각해볼 내용을 모아봤다. 물론 그중에는 타산지석으로 활용할 교훈도 있을 것이다. 군대 생활도 힘들지만 여러분들이 겪을 사회도 그리 녹록하지 않다. 때론 군대가 그리워질 수도 있다. 일부 군대에 말뚝을 박는 사람들도 있겠지만 결국 우리는 군대라는 성장 과정을 거쳐 사회라는 현실에서 살아야 한다.

군대를 나와 현실을 살아가는 선배로서 이야기하자면, 그동안 생각하지 못하고 지나쳐버린 군대의 모습을 반성하고 되짚어볼 때 느리게나마 의식과 여론이 뭉쳐 집단의 목소리로 군과 사회를 변화시킬 수 있으리라고 생각한다. 이번 장은 다소 어렵고 무거운 장이다. 해결 방법과 지침을 제시할 순 없지만 문제를 같이 느끼고 생각해본다는 측면에서 읽기 바란다.

군에서 배운 노하우, 어떻게 써야 할까?

+

　21개월의 지긋지긋한 군 생활에서 우리는 무엇을 얻고 나올까? 대부분은 군대라는 곳에서 배울 게 없다고 생각한다. 하지만 학과 과목이나 직업의 실무 기술과는 또 다른 인생을 배우는 곳이 군대다. 내 학부 전공은 법학이었다. 하지만 군 복무 6년간 내 전공을 제대로 활용할 일은 없었다. 보병부대의 말단 지휘관, 참모로서 온갖 작업과 잡무만 겪었을 뿐 군인으로서 군사적, 안보적인 고급 기술과 식견은 전혀 배우지 못했고 접할 수도 없었다.

　그런데 의외로 이런 자질구레한 작업과 잡무가 사회생활에 심심찮게 활용된다는 것을 제대 후에 많이 느끼고 있다. 사소한 것이 주는 행복이라고 해야 할까? 직접적으로 취업과 일에 도움이 되진 않지만 간접적으로 많은 도움이 됐던 경험들과 주변인들의 사례를 이야기해보려고 한다.

군대에서 배운 잡무와 잡기로 방송을 하다

군대에서 가장 많이 하는 잡일은 누가 뭐래도 작업일 것이다. 세내한 예비역들이 아르바이트나 복학 후 학과 행사에 두각을 보이는 것은 군에서 지겹게 시달리던 작업의 경험 때문이다. 특히 군에서 작업의 달인이라고 불렸던 사람일수록 제대 후에 사회생활이나 대학 생활에서 더 주목을 받는다. 예를 들면 최전방 부대의 보일러와 시설을 관리하는 비공식 보직인 '보일러병'의 경우, 소총수로 보직을 받았지만 소초의 보일러와 배관시설 같은 작업을 담당하면서 보일러와 배관에 대한 지식과 기술을 쌓을 수 있다. 보일러병 외에도 군대에는 무수한 '비인가 보직'들이 있다.

비인가 보직이란 군대에 정식으로 주특기와 보직을 정해두지 않고 야전부대에서 임의로 특정 업무와 작업을 전담하는 병을 지칭하는 말이다. 제초 작업에 두각을 보이면 제초기만을 전담해서 다루는 '제초병'이 되고 그림을 잘 그리거나 페인트칠을 잘하면 부대 내 도색을 전담하는 '페인트병'이 되기도 한다. 용접을 잘하면 '용접병'이 된다. 공병과 같은 기술병과 부대가 아닌 보병부대의 소총병들이 특기병처럼 활용되는 경우다.

이런 작업과 관련된 일이나 학과를 다니다 온 사람들도 있지만, 대다수는 작업 몇 번 해보고 두각을 보이는 병들을 분대장이나 행정보급관이 임의로 보직편성표에도 없는 작업병으로 지정한다. 분대장과 부사관들이 임의로 지정하는 작업병들 외에도 장교들이 임의로 지정하는 작업병들도 있다.

보병부대의 경우 부대 본부에서 행정 업무를 하도록 정식 인가가 된 행정병 외에 '비인가 행정병'들이 있다. 원래 중대본부에는 인사와 군수를 담당하는 행정병이 있다. 그리고 중대의 음어(비밀문서)와 통신 장비를 다루는 통신병이 정식 인가가 된 행정병들이다. 그런데 이 외에도 중대장의 행정소요를 돕는 비인가 보직인 '워드병'이 있다. 워드병은 군의 편제기록상 소총수지만 중대 내의 워드 작업과 컴퓨터 작업을 전담하면서 소총수 임무나 작업에는 열외돼 중대장의 서류 작성에 매진한다. 중대뿐만 아니라 소대의 경우도 소대장 직권으로 소대의 워드 업무를 시키는 워드병이 비공식적으로 존재한다.

작업 열외와 교육 열외가 꼭 좋지만은 않다. 선임병들은 이런 후임병들을 대부분 "꿀 빤다", "빠졌다"며 편안하게 열외하는 나쁜 후임으로 인식하기 때문이다. 그렇지만 속을 들여다보면 이런 비인가 보직들이 절대로 편안하지 않다.

정해진 일과 시간을 넘겨서 별도로 작업을 하거나 워드 업무를 해야 하는 경우가 비일비재하다. 심지어는 식사도 제때 못 하고 밤을 새우는 경우도 허다하다. 남들은 알아주지 않지만 이들은 작업에 이골이 난 프로 중에서도 프로다. 하지만 정식 보직이 아닌 비인가 보직이다 보니 경력을 증명할 길도 없고 자격증으로 전환할 수 있는 경우도 드물다. 그래서 대부분은 '내가 이딴 거에 썩어야만 하나'라는 생각을 하게 된다.

비인가 보직 외에도 짬밥이 쌓이면 누구나 어느 정도 작업의 달인이 돼간다. 작업과 훈련에서 후임들을 쪼아대고 가장 많은 임무를 할당받는 일병들은 일꾼이 돼 있고 노련한 상병들은 건설 현장의 작업반장만큼 노련한 눈썰미가 생긴다. 병장들은 자기가 편하기 위한 요령을 귀신같이 찾아내는 요령의 달인이 된다.

병들뿐만 아니라 간부들도 작업과 잡무에 능하다. 실제로 힘든 작업 중에 간부들이 병들만큼 삽질과 곡괭이질을 하진 않지만, 전체 작업 지도를 하다 보면 건설 현장 소장과도 같은 관찰력과 관리 능력을 익히게 된다. 행정 업무 부분에서는 가히 유치원 원장을 넘어서는 정도의 행정적 식견을 가진다. 부대에서 자체적으로 만들어내는 상황판이나 생활관 꾸미기를 지시하다 보면 투명지와 색지를 능수능란하게 자르고 풀질을 하고, 심지어는 문구점 주인과 흥정하는 전문가로도 변신한다. 사고 예방이란 차원에서 면담도 하고, 부하의 부모님이나 지인들과 전화나 SNS로 연락하면서 가정통신문과 비슷한 내용을 보내기도 한다. 유치원 원장급의 행정력과 원아(부하) 관리력이 몸에 밴다.

그뿐만이 아니다. 상급자들이 자리하는 회식 자리에서는 '술상무'를 능가하는 접대력을 터득한다. 회식이 고깃집에서 이뤄진다면 고깃집 사장 수준의 굽기 실력을 갖출 수도 있다. 노래방에서는 어느 순간 나훈아, 설운도를 능가하는 가수로 변신해 상급자들의 18번을 멋들어지게 불러낸다. 부대체육대회나 장기자랑에선 응원단장 또는 콩트를 기획하는 프로듀서나 배우가 된다. 실제로 나는 학창 시절 때부터 자주 했던 콩트와 연극 경험 덕분에 종종 정훈장교를 대신해 극을 연출하고 무대에 서기도 했고 때론 캠코더를 들고 영상을 제작하기도 했다.

2004년 11월경이었다. 당시 수방사 군악대에서 근무하던 크라잉 넛이라는 밴드가 우리 부대를 방문했다. 나는 연대 정훈과 캠코더보다 고성능인 내 캠코더를 들고 기록 영상을 만들던 중이었는데 공연 분위기가 확 끓어올랐다. 무대에선 한 명 올라오라고 손짓을 하기 시작했고 난 캠코더를 쥔 채로 무대 위로 뛰어올랐다. 크라잉넛과 '말달리자'를 열창하자 공연을 보던 연대장 이하 대대 전 간부가 놀랐다. 짧은 머리로 헤드뱅잉을 하고 무대 밖으로 몸을 던졌는데 연대 전 장병이 나를 받쳐줬다. 이 사건으로 연대장 부인이 우리 대대에 휴가증을 건의했고 4장의 휴가증을 부하들에게 줄 수 있었다.

이 사건 외에도 언제부터인가 나는 연대의 오락 업무를 담당하는 간부로 통했다. 경계근무를 6밀리 교육영화로 만들어 상영했고, 일본 애니메이션 상영, 외국인 강사 초청 회화강좌 개설 등 다양한 프로그램을 기획했다. 이런 경험은 제대 후에도 꽤 쓸 만했다. 일본 유학 시절 고깃집에서 아르바이트할 때는 매장 관리와 직원 관리에 군대에서 익힌 노하우를 써먹었다. 귀국 후에는 군에서 터득한 화술로 SBS 〈짝〉이라는 방송에도 출연했고 간혹 종편이나 지상파의 시사 프로그램에 출연하기도 했다. 최근에는 기자라는 본업 외에 단편영화에도 출연했다. 내 직무나 취업에 직접적인 연관은 없지만 군에서 배운 잡무와 작업은 사회생활에서 꽤 활용 가치가 높았다.

군대 버릇 사회 간다

흔히 우리는 사회성이 부족한 사람에게 "군 생활은 제대로 했냐?" 고 묻는 경우가 많다. 사람마다 차이가 있겠지만, 군대를 다녀왔음에도 사회성이 떨어지는 친구들이 있다. 군 생활을 잘했다고 해서 사회생활을 잘한다고 단정할 순 없지만, 군대라는 단체 생활을 겪었음에도 불구하고 자기만 생각하고 타인을 배려하지 않는 행동을 하는 사람들이 상당히 많다. 나도 주변에서 그런 사람을 꽤 만난 적이 있다.

제대 후 반년 정도 행정사무 일을 한 적이 있다. 계약직 업무였는데, 계약직 사원 중에 내가 나이도 많고 군 경력도 있어서 다른 계약직 사원을 관리하는 업무를 맡았다. 내가 관리하던 직원들은 20대 후반에서 30대 초 정도의 사회초년생 세 명이었다. 그들은 이 일을 하기 전에는 2년간의 군 생활 외에 조직사회 경험이 없었던 청년들이었다.

그 세 명은 각자 개성이 뚜렷했다. 대학원에 재학 중이던 제일 나이가 많은 A는 인맥 관리를 중시하며 인맥만큼 넓은 오지랖을 자랑하는 타입이었고, 중국 유학파 출신의 B는 모든 일을 매뉴얼로 만들고 자신의 매뉴얼대로 행동하는 타입이었다. 나이가 제일 어린 C는 사전 조사를 많이 하고 발품을 파는 노력파였다. 세 사람은 업무 처리를 할 때 자신의 개성과 강점을 잘 발휘한다는 공통점이 있었지만, 왠지 업무의 조직력은 좋지 못했다. 그것은 각자의 개성이 뚜렷해서 생긴 불협화음이 아니라 타인을 배려하지 못하고 독단적으로 행동하는 A 때문이었다.

평소에 A는 B와 C에게 "난 최전방 출신이야. B, 넌 행정병 출신인데 제대로 훈련이라도 뛰어봤어? C, 너는 편안한 공군 출신이라며?"라고 동료들의 군 경력을 지적하곤 했다. 그런데 정작 이런 지적을 하는 A가 인내심도 강하고 팀 업무에 협조적이라면 문제가 되지 않는데 그렇지 않았다. 완장을 찬 깡패마냥 오지랖 넓게 지적하면서 힘든 일이 생길 때는 정말 교묘하게 빠져나갔다. 참다못한 B와 C는 내게 도움을 요청했다. 6개월이라는 한정된 기간의 계약제 업무였기에, 나는 서로 불편한 관계를 만드는 것보다는 A를 업무에서 최소한으로 배제시키고 일하는 것이 좋겠다고 결론지었다. 그리고 A의 업무를 나를 포함해 세 명이 나눠서 추가적으로 진행하자고 했다. A를 제외한 우리 세 명은 생각보다 일을 잘 처리했다.

간혹 A가 업무 진행을 모른 채 엉뚱한 일을 꾸며 업무가 번거로워지거나 더 어려워진 경우도 발생했지만 그것도 무난히 극복했다. 어느덧 시간이 흘러 계약 기간이 끝나 네 명이서 조촐한 쫑파티를 가졌다. 분위기는 좋았는데 결국 A가 문제였다. B와 C에게 하지 말아야 할 오지랖을 부리다가 결국 말실수를 했다. 결국 쫑파티는 진짜 쫑으로 끝나버렸다. 그 후 B, C는 더 좋은 일자리를 찾아 안정적으로 사회생활을 해나가고 있다. 하지만 A는 가는 곳마다 구설수에 오르거나 오래 있지 못하고 이직을 밥 먹듯이 했다고 한다.

얼마 전에 B와 C를 만나 술자리를 가진 적이 있다. 그날의 안주거리는 A였다. B가 먼저 A 이야기를 꺼냈다.

"선배님, A 말인데요. 제 친구 중에 공교롭게도 A와 같이 근무한 친구가 있어서 A 이야기를 물어봤어요. 전방부대 출신에 아주 거들먹거리고 자기 경력을 자랑했는데 알고 보니 순 거짓말이었어요. 전방부대에 근무한 건 맞는데, 선임들한테 대들고 간부들에게 곰살맞게 굴어서 선임들은 다 영창을 가거나 타 부대로 쫓겨났어도 A는 편안한 취사병으로 보직이 변경됐대요. 그런데 거기서도 사고를 쳐서 결국은 제대할 때까지 '비전캠프'라는 보호관심병사관리 캠프에서 지내다가 제대했답니다."

이야기를 듣던 C도 한 수 거들었다.

"저도 A에 대해 들은 게 있습니다. 제 대학 선배를 얼마 전에 만났는데 저에게 A 이야기를 하면서 아주 정색을 하는 겁니다. '너, A랑 같이 일했지? 그 친구가 우리 회사로 입사했는데 너랑 친하다고 나한테 설레발을 치더라고. 그래서 그런가 보다 했는데, 법인카드를 엉뚱한 데 쓰다가 경리부에 걸렸어. 그걸 자기가 먹는 밥값 대신 변제하자고 했다는 거야. 담당 직원은 어이가 없어서 상부에 보고했는데, A가 상사에게 담당직원을 음해하는 투서를 보내서 난리가 났어. 그리고 계약 건수 하나를 A가 날려먹고 손실을 입혀서 결국은 퇴사 처리가 됐어'라고 이야기하는 겁니다. 정말 빡센 군 생활을 한 사람은 다르긴 다른가 봅니다."

역시 군대 버릇 사회 간다는 말이 틀린 말이 아님을 새삼 느꼈다. 조금 다른 이야기지만 A와는 정반대로 B는 논리적이고 치밀했다. 그는 대대 작전병을 하면서 비문을 관리하고 간부들을 상대하다 보니 논리적인 사고와 매뉴얼이 중요함을 알게 됐고 모든 일을 계획해서 행동하게 됐다고 한다. C는 공군의 방공포대에서 근무했는데, 산속에 있는 작은 부대라 한 명이 문제가 되면 여러 명이 힘들어지기에 자기만 생각할 여유가 없었고 성실해지지 않을 수 없었다고 했다.

군대에서 만들어진 버릇은 정말 사회까지 이어지는 것 같다. 그런 점에서 생각해보면 나를 죽이고 남을 배려하게 되는 군대의 생활 습성은 사회생활에서도 상당히 중요한 영향을 미치지 않을까. 병뿐만 아니라 간부들도 마찬가지다. 제대 후에 간부 출신이라고 목에 힘주는 사람들이 주변에 꽤 있는데, 대부분은 부하나 후배들을 쪼아대다가 사회에 나가서도 남을 배려하지 않고 권위주의로 일관한다. 군에서 만들어지는, 나를 누르고 타인을 배려하는 습관은 '제복 입은 민주시민'이란 말처럼 사회 구성원으로서 상당히 중요한 덕목이다.

요즘 우리 사회는 참지 못해 벌어지는 '욱하는' 사건들이 많이 발생한다. 층간소음 때문에 이웃을 죽이는 등 사소한 문제를 참지 못해 벌어지는 끔찍한 사건들이다. 다들 군대에서 배운 인내와 배려를 잊어버린 것일까? 좋은 것은 반납하고 나쁜 것만 갖고 나오는 건 아닌지 안타까운 생각이 든다.

제대 후
사회에서 하면 안 되는 행동

+

'남자다움'과 병영화된 사회

2015년 7월, 제자에게 인분을 먹이고 폭력과 구타를 일삼은 교수가 언론에 보도되면서 큰 이슈가 됐다. 지성의 상징인 대학이 지성이 아닌 야만의 상징이 돼간다는 것을 보여주는 좋은 사례였다. 이 외에도 제자를 성추행하는 교수, 제자의 연구비를 착복하거나 연구 성과를 빼돌리는 교수들도 심심찮게 언론에서 다뤄지고 있다. 일부 교수들의 이런 막장 행동은 군대의 가혹 행위와 비슷할 정도로 닮아 있다.

하지만 이는 교수들만의 문제가 아니다. 배움에 정진하고 정의와 진리를 탐구해야 하는 학생들도 막장 행동을 하고 있다. 일각에서는 군대 문화가 대학 문화로 전이되고 있다고 이야기한다. 극심한 취업난 속에서 학교가 아닌 학원이 돼가는 우리나라 대학들의 현실이 이런 군대 문화가 더 확산되는 이유라고 이야기하기도 한다. 하지만 이런 대학의 막장 문화 또는 군대식 문화는 최근만의 문제는 아니다. 십수 년 전 내가 대학을 다니던 시절에도 정도의 차이는 있지만 분명 존재했다. 단순히 군대 문화가 대학 문화로 확산된다고 단언할 순 없지만, 우리 사회에 뿌리 깊이 남아 있는 '남성상'과 기업과 사회에서 볼 수 있는 군대 문화가 대학으로 전이되고 있다는 것은 꽤 오래전부터 알려진 사실이다.

1996년 연세대에서 벌어진 한총련 출범식 이후 대학가에서는 현실과 괴리된 폭력적인 학생운동에 대한 환멸과 불신이 퍼졌고, 1998년 IMF 사태는 대학 문화를 바꿔놓기 시작했다. 자유롭게 생각하고 교감하는 동아리 문화가 사라졌고 벤처 동아리라는 이름으로 창업과 취업을 위한 문화가 자리 잡았다. 과연 이런 전환기의 영향으로 군대 문화가 더욱 대학가에 확산된 것일까?

전환기 이전에도 대학 내 강압적이고 경직된 문화는 이미 존재했다. 그 이유는 군대보다 사회의 영향이다. 예나 지금이나 나이 지긋한 어른들은 "군대를 다녀와야 사람 된다"고 말한다. 그러면서 군대를 가지 않은 남자는 남자가 아니라는 이야기도 한다. 과연 '남자'는 무엇이고 '남자다움'은 무엇인가?

메이지대학에서 유학하던 시절 재일교포인 조경달 치바대학교 교수의 강의를 들은 적이 있다. 조 교수는 종종 내게 이런 이야기를 했다.

"문 군, 자네는 육군장교 출신에 덩치도 좋고 술도 잘 마시고 애국심이 넘치는 것 같아. 그게 현대 한국 사회의 남성상일 거야. 하지만 조선 근대 민중사를 연구하는 내 입장에서는 그것이 조선의 전통적 인식이라고 생각하지 않아. 조선의 전통적 남자상은 점잖고 언쟁을 피하는 조용조용한 모습이라는 게 사대부 가문의 인식이었어. 하지만 현대 한국 사회의 남성상은 격하고 깅건하고 애국심과 충성심이 뛰어난 모습으로 바뀌었는데 자네는 이를 어떻게 생각하나?"

나는 갓 대학원을 입학한 신입생이라 뭐라고 답변을 하진 못했다. 그러다 일본의 남성성을 연구하는 한 선배로부터 우치다 마사카즈의 《대일본제국의 '소년'과 '남성성'》이라는 책을 건네받고 그 답을 찾았다. 이 책의 63페이지에는 한 장의 삽화가 실려 있었다. 댕기머리를 하고 한복 차림을 한 소년과 소녀의 모습이었다. 삽화는 1901년 〈소년세계〉라는 잡지의 100페이지에 실린 것이었는데 '조선의 유년 세계'라는 제목이 붙어 있었다. 치마저고리 차림의 소녀와 두루마기를 입은 소년의 모습은 삽화로 보면 남녀가 거의 차이가 없을 정도로 묘사돼 있다. 삽화가 실린 잡지의 내용을 요약해보면 다음과 같다.

"망국의 소년은 약하다. 흥국의 소년은 강하다. 국가의 강함은 소년의 강함에서 상징된다."

이 책에서 말하는 요지는 과거 일제시대의 소년잡지를 통해 볼 때 조선은 약한 나라이며, 이는 소년의 유약함을 볼 때 명백하다는 것이다. 반대로 발틱 함대와의 전투에서 승리한 일본은 강한 나라이며 소년들은 강하다. 당시 소년잡지들은 강하고 책임감과 애국심이 큰 소년의 이미지를 남성성이라고 가르쳤고 이런 사회의 인식과 교육이 소년을 병사로 만들 수 있었다는 것이다. 1920년대 후반부터 광복 전까지 한반도에서 '내선일체', '창씨개명'을 강행한 일본은 황국화 정책에 이 남성성도 고스란히 반영해 넣었다.

1920년대부터 병력 부족에 시달리던 일본은 1938년 2월에 공포된 육군특별지원병령에 기초해 그해부터 조선에서 지원병 모집을 실시했다. 지원병 자격은 만 17세 이상, 6년제 소학교 졸업 또는 그 이상의 학력에 '사상이 견고하고 강건'해야 하며, 군대에 들어와도 일가 생계에 지장이 없는 자로 한정됐다. 무학자나 이전에 사회주의 등 불온사상에 관련된 자, 본인이 가족 생계를 책임지는 완전한 무산자는 지원할 수 없었다.

조선인지원병제도 시행 과정에서 내선일체의 주창자인 미나미 총독은 지원병제도 도입에 매우 열의를 가지고 있었다. 1938년 400명 모집으로 시작된 조선인지원병제도에 약 2,900명의 조선인 청년이 지

일본의 소년지는 조선의 남성성을 여성과 차이가 없는 조용하고 어른스런 모습으로 묘사했고 일본의 소년은 거친 남자로 묘사했다. 그 이면에는 약자는 강자에게 도움을 받고 남자는 군인이 되기 위해 강해져야 한다는 군국주의 의식이 깔려 있다.

원했다. 1943년에는 5,330명 모집에 약 30만 3,400명이 지원했다. 경쟁률이 높았던 이유에는 각 도별로 경찰관을 동원해 지원 열풍을 부추기고 권장한 것도 있었지만, 지원자의 대다수가 중류 이하 생활을 하는 가정 출신이었으며 소학교 졸업 정도가 평균 학력이었다.

잃을 것이 없는 중하층 조선인 청소년들이 일본군에 입대해 중국군을 쳐부수는 '직업을 가진다'는 것은 차별과 멸시의 대상이었던 조선인으로서 일본인과 동등한 대우를 받는다는 것을 의미했다. 그리고 당시 조선 사회의 심각한 실업률을 생각할 때 일본군이 되는 건 상당히 매력적으로 보였을 것이다. 1940년 조선인 지원병 경쟁률은 28 대 1 정도였는데 지원병에 불합격한 이창만이란 강원도 횡성군의 청년이 이를 비관, 자살해서 화제가 된 황당한 사건도 있었다. 당시 잡지 〈삼천리〉(1929년 창간)에선 이를 '애국미담'이라고 소개했다.

조선인지원병제도와 황민화정책은 조선의 하층민을 일본의 총알받이로 내몰기 위해 남성성에 대한 교육과 인식을 확대시켰다. 그리고 여기서 생긴 남자다움은 한국전쟁과 월남전을 거쳐 반공정신, 애국정신과 묶이며 대한민국 남성의 남성성을 '마초주의'로 자리 잡게 했다. 더불어 한국 사회가 겪은 초고속 압축 성장에서 지배층의 통치 수단으로 군대식 남성성이 이용됐다. 그것이 최근의 불황과 취업난 속에서도 죽지 않고 내려오는 것이다. 남성의 강인함, 병사로 만들어지기 위해 필요한 마초주의는 박노자 교수의 책에서도 언급되고 있다.

러시아 출신의 귀화 한국인 박노자 교수는 자신의 책《씩씩한 남자 만들기》에서 이렇게 말한다. "한국 기업의 '신체 교육'은 간단하다. '단체적인 신체적 움직임'은 '단체에 대한 충성을 함양하는 방법'으로 통한다. '경제 전선의 전사'에게는 일정 정도의 체력도 필요하다. 극기훈련 캠프에서 윗사람의 구령에 따라 다 같이 움직여본 사원이라면 명령 수행 차원에서 뛰어날 것이다. 또 체력이 뒷받침되지 않으면 세계 최장에 가까운 노동 시간과 업무 강도를 참아내기 어렵다." 기업의 문화도 군대의 문화와 비슷하게 조직과 단체성을 강조한다. 특히 한국과 같은 징병제 국가에서 남성성이란 '강하고 애국하는 마초'의 이미지가 가장 먼저 떠오른다.

이런 남성성 자체가 나쁜 것은 아니다. 하지만 이런 마초주의가 힘과 폭력이 아닌 대화와 협의가 중요한 사회에까지 영향을 준다는 게 문제다. 군과 사회에서 요구하는 남성성으로 살아가야 하는 청년들이 제대 후 복학하면서 저지르기 쉬운 실수는 아마도 교수에게는 약하고 후배에게는 강하게 대하는 이중 잣대일 것이다. 윗사람들은 '남자다움'으로 그들의 불합리를 강요하며 그것을 순수하게 받아들이길 원한다. 그리고 이를 받아들인 자는 다시 아랫사람에게 불합리한 언행과 가혹 행위를

제대 후에도 군에서 들인 나쁜 버릇을 버리지 못한 사람들이 있다. 학교나 직장에서도 계급과 권위를 내세우는 것은 위험한 행동이다.

'남자다움'으로 강요한다. 대한민국 사회에서 남자다움은 군인다움을 강요하는 것과 비슷하다.

진정한 남자다움은 온화하고 강인한 몸과 맘을 가지는 것이지, 폭력적이고 무조적인 충성을 따르는 게 아니다. 물론 도피처가 없는 청춘들이 대안을 찾지 못하고 사회 분위기에 편승할 수밖에 없는 현실은 안타깝지만, 적어도 현재 우리 군과 사회의 부조리한 문제에 대한 인식은 청년으로서 꼭 갖고 있어야 한다는 생각이 든다.

계급장 떼기

앞서 대학 문화를 이야기하면서 군인다움을 강조하는 남자다움을 버리라고 했다면, 이번에는 계급장 의식을 버리라고 이야기하고 싶다. 계급장 의식은 간부로 군 생활을 한 사람들에게만 해당되는 이야기일지 모르지만, 아무튼 군대를 갓 제대한 사람들의 특징은 사람을 부리는 데 익숙할 뿐 자신이 부림을 당하는 데는 익숙하지 않다는 것이다. 실제로 나도 제대하고 반년 정도를 이런 변환기로 시간을 투자해야 했다. 내가 종종 제대한 고위직 군인들을 비꼴 때 자주 하는 이야기가 있는데, 갓 제대한 군인들의 계급의식이 얼마나 강한지 몇 가지 실례를 들어볼까 한다.

제대를 하고 일본 유학을 가기 전에 아르바이트로 편의점 야간 점장을 한 적이 있었다. 군인 출신들은 본능적으로 군인과 경찰 출신을 알아채는 능력이 있다. 군 생활이 길면 길수록 더 그렇다. 하루는 편의점 야간 업무를 마치고 주간 근무하는 여학생과 교대한 뒤 편의점 창고 정리를 할 때였다. 창고 안에는 감시카메라 모니터가 있어서 바깥을 확인할 수 있었다. 50대 초반의 남자와 30대 초반쯤 돼 보이는 남자가 편의점에 들어왔고 50대 남자는 건강음료를 전자레인지에 넣고 돌렸다. 그런데 잠시 후 '꽝' 하는 소리가 났고 여학생의 괴성이 들려왔다. 창고에서 나와 보니 50대 남자가 여학생에게 고함을 치며 나무라기 시작했고, 30대 남자는 둘 사이에서 중재를 하고 있었다.

일단 주간 업무는 점주였던 선배의 소관이라 난 잠시 물러나 있었다. 그런데 이 두 남자가 한눈에 군인인 게 느껴졌다. 그리고 50대 남자의 황당한 행동은 나를 자지러지게 만들었다. 사건의 전말을 요약하면 이렇다.

30대 남자가 진열대에서 뭔가를 고르고 있을 때 50대 남자가 건강음료를 집어 들고 계산대에서 계산하면서 아르바이트생에게 "이거 따뜻한 게 없는데 데워줘"라고 이야기했단다. 아르바이트생은 "지금은 제가 도와드릴 수 없으니 저쪽에 있는 전자레인지에 음료를 넣고 돌리세요"라고 답했다. 그런데 이 남자가 전자레인지에 음료를 넣을 때 알루미늄 뚜껑을 제거하지 않고 통째로 넣고 돌려버렸고 잠시 후 전자레인지와 음료가 터진 것이었다.

놀라고 화가 난 50대 남자는 아르바이트생에게 "네가 해줬으면 이런 일 없잖아! 전자레인지에 넣고 돌리라고 해서 넣고 돌렸는데 저렇게 됐잖아!"라며 격하게 화를 냈다. 이때 동행했던 30대 남성이 "이러시면 안 됩니다. 저한테 시키시지 왜 직접 하셨어요. 금속은 전자레인지에 들어가면 큰일 납니다. 뚜껑을 빼셔야죠. 점원에게 사과하세요"
라며 둘 사이에서 중재를 한 것이다.

어질러진 편의점을 치우려 할 때 30대 남자가 내 곁으로 와서 미안
하다며 정리를 도왔다. 난 그에게 "혹시 간부 출신인가요?"라고 물었
다. 그러자 그는 "네. 죄송합니다. 저분은 제가 모시던 연대장님이셨는
데 직접 뭔가를 해본 적이 없으십니다. 소란을 일으켜 죄송합니다"라
며 정리를 돕고 편의점을 떠났다. 역시 그들은 내 생각대로 군 출신들
이었다. 50대 예비역 대령은 아마도 직접 전자레인지를 써본 적이 없
었을 것이다. 뭔가를 직접 해본 적이 없는 고위 장교들을 떠올리니 웃
음이 터져 나왔다. 이런 해프닝은 한두 가지가 아니다. 국방부가 있는
용산에 유명한 고깃집이 있는데, 이 부근에서 근무하는 여자 선배가
하루는 이런 이야기를 해줬다.

"있잖아, 오늘 우리 대표님이랑 식사를 하는데 옆 테이블에서 장군
이 밥을 먹으러 온 거야. 그런데 김치랑 깍두기가 떨어졌는데 겸연쩍
었는지 가만히 있더라. 뭔가 점원에게 시키고 싶은데 말도 못 하고 있
는 거 있지. 그래서 결국 내가 점원에게 김치랑 깍두기 달라고 이야기
했어. 군인들은 원래 그래? 말 한마디 하면 될걸."

장군의 모습을 떠올리니 그때 그 50대 남자가 다시 떠올랐다. 난
박장대소를 했다.

"너 왜 웃어? 너도 그래?"

"아니요. 전 제대하고 1년도 안 돼서 계급장 뗐어요."

또 다른 일화는 김종대 편집장으로부터 들은 이야기다. 편집장

이 하루는 지방에 갈 일이 있어 전철을 타고 고속버스 터미널에 갔는데 평소에 잘 알고 지내던 유명한 예비역 장군을 만났다고 한다. 그래서 안부를 묻고 여긴 어쩐 일이냐고 묻자 그 예비역 장군은 "저, 김 편집장. 미안한데 용인에 가려면 어떻게 가야 해요? 나 몇십 년 만에 버스 타는 거라 올 땐 도움 받아서 왔는데 집으로 돌아가려니 어떻게 해야 할지 모르겠어요" 하더라는 것이다. 시키고 군림하는 데만 익숙한 군인들이 계급장을 떼지 못하고 사회로 나오면 제대로 하는 게 하나도 없는 모양이다. 하지만 이런 이야기를 꺼내는 나도 마찬가지였다.

제대하고 취업과 유학 문제로 관공서 출입을 해야 했는데 군에 있을 때는 대대나 연대 인사과에서 다 알아서 해주던 일을 내가 직접 해야 했다. 남들은 원만하게 잘하는데 나는 상당히 어색했다. 결국 민원 창구 앞에서 한판 난리가 났다. 쭉 기다리다가 담당자에게 서류 발급을 부탁했는데 신청서 작성이 미흡해서인지 몇 번을 다시 작성하라고 해서 계속 작성해 갔더니 나중엔 업무 시간이 끝났다며 돌아가라는 것이었다. 나는 화가 나서 "내가 나라를 위해서 헌신한 군 장교인데 이런 것도 안 해줍니까? 알아서 해주는 것 아니냐고요!"라며 언성을 높였다. 결국 직원은 서류를 발급해줬지만 주변의 시선은 따가웠다.

이런 일 외에 전화상담원과도 언쟁이 많았는데, 이런 모습을 보신 어머니가 나를 불러 "너, 왜 이렇게 난폭하고 남에게 시키려고만 하니? 안 해본 것은 지금부터 배워야지. 바뀐 네 모습을 보니 무섭구나"라고 이야기하시며 우시는 것이었다. 어머니의 눈물을 보고 그때부터 계급장 떼기 훈련에 들어갔다. 노가다 인부 일에 물품분류 아르바이트 등 밑

바닥 생활을 자청하면서 내게 붙어 있던 계급장을 하나씩 떨어뜨렸다.

　이 계급장 떼기는 비단 간부들만의 이야기는 아니다. 병으로 복무한 사람들에게도 해당된다. 앞서 비뚤어진 남성성을 버리고 건강한 남성성을 가져야 한다고 이야기했는데, 병으로 복무를 마치고 복학한 사람들도 이와 비슷한 계급장 의식을 가지고 있다. 예를 들면 신입생들에게 무리한 개인적인 심부름을 시킨다든가, 학과 행사가 있을 때 힘들고 번거로운 일들을 후배에게 미룬다든가, 일이 잘 되지 않았을 때 중간 후배들을 쥐 잡듯 잡아가며 신입생 관리의 책임을 묻는다든가 하는 것들이다. 이런 계급장 의식이 대학 문화에 음성적으로 퍼져나가도 교수들은 제지하지 않는다. 오히려 눈을 감아주는 것이 자신의 권위와 통제에 도움이 된다고 생각하기 때문이다.

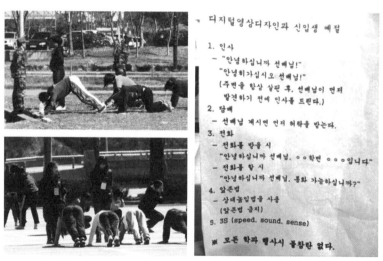

모 대학의 오리엔테이션 모습과(좌) 후배들의 주의 사항(우). 언제부터인가 우리나라 대학 문화가 잘못된 군대 문화로 병들어가고 있다.

군과 사회에서 통용되는 군기 잡기식 남성성이 계급의식으로 더욱 고착화돼가고 있다. 실제로 일부 대학의 학생들은 카톡의 단체대화방을 통해 후배들이 해서는 안 되는 것과 해야 되는 것을 수시로 전달하며 음성적으로 통제를 하고 있다. 예를 들면 선배를 만났을 때 90도로 인사한 후 0.5초 후에 "안녕하십니까"라고 외쳐야 한다든가, 짙은 화장과 옷차림을 제한하고 담배를 선배 앞에서 못 피우는 등 생활의 전반을 통제한다. 대학에서 벌어지는 신입생 오리엔테이션은 군대의 얼차려와 유격훈련을 연상케 한다. 과거 내가 대학을 다니던 시절 선배들에게 받던 얼차려와 별반 차이가 없다.

나는 군대를 늦게 간 탓에 신입생 환영회에서 예비역 선배들과 뒤섞여 후배들에게 얼차려를 준 적이 있다. 당시 선배들은 "군대 다녀온 우리 짬밥에 할 일은 아니다. 군대 안 간 네가 해라"라며 나에게 떠맡겼다. 어설프게 했다가는 내가 더 혼날 수 있다는 것을 알았기에 후배들을 무자비하게 괴롭혔다. 그러던 중 결국 후배 한 명이 도중에 실신을 했고 놀란 나머지 그 후배를 업고 병원 응급실까지 가는 몹쓸 경험도 했었다. 선배들은 걱정을 하기보단 만족스러운 표정으로 '제대로 했군'이라고 생각하는 것 같았다.

최근 언론에 보도되는 대학가의 군기 잡기와 선배들의 계급의식은 과거보다 음성화되고 더 악랄해졌으면 악랄해졌지, 전혀 개선되지 않았다. 과거에는 교수들이 중재를 하거나 관리라도 했지만 근래에는 수수방관하는 모습이다. 이런 계급의식에 따른 군기 잡기는 대학이라는 자율성과 민주성이 보장되는 사회의 첫 관문을 오염시키고 있다. 이

오염이 더욱 악화일로를 걷고 있다는 점은 분명 심각하다. 그리고 갓 제대한 청년들은 이런 행태에 대해 무비판적인 경우가 많다. 하지만 언젠가는 그 무비판적인 사고와 편승이 부메랑이 돼 돌아올 것이다.

군 복무 경력을 살려라

+

이번 이야기는 병들보다 간부들에게 해당되는 내용일 것 같다. 대부분의 병들은 대학으로 복학하기 때문에 제대 후 취업이라는 무서운 벽을 바로 만나지는 않을 것이다. 여기서는 간부를 중심으로 취업과 군 경력 활용에 대한 이야기를 할 테지만 내가 취재 중에 만난 창의적인 병들의 이야기도 있다.

33.4퍼센트의 바늘구멍

33.4퍼센트. 2008~2012년에 상사로 제대한 군인의 재취업률이다. 이 기간 전체 군인의 재취업률은 52.6퍼센트로, 결혼으로 경력이 단절

된 30대 여성의 재취업률인 55퍼센트에도 미치지 못하고 30~40대 남성의 재취업률인 69.8퍼센트에도 한참을 밑도는 수준이다.

국가보훈처에서 2007~2011년까지 5년 이상 복무하고 전역한 간부들의 재취업률을 조사한 바에 따르면 2007년 64.5퍼센트였던 재취업률이 2011년에는 41.3퍼센트까지 떨어진 것으로 나타났다. 2012년에는 대통령 교체 등 정치 상황과 맞물려 잠시 증기했지만 군인의 새취업률은 여전히 낮다. 외국의 경우는 일본 97퍼센트, 미국 95퍼센트, 영국 94퍼센트, 프랑스 92퍼센트인데 우리는 그 절반 수준에 머무르고 있는 것이다.

그런데 이런 열악한 군인의 재취업률과 함께 문제가 되는 것은 제대군인을 아프게 만드는 게 다름 아닌 선배 군인들이라는 점이다. 심지어는 군인의 취업을 돕겠다고 만들어진 국가보훈청 예하의 제대군인지원센터와 국방부 예하의 국방전직교육원의 얄팍한 행동은 제대하는 군인들을 두 번 울리고 있다.

2012년 4월, 나는 다니던 대학원을 휴학하고 귀국을 택했다. 어떻게 알고 연락했는지 부산 제대군인지원센터의 직원이 "문형철 선생님이신가요? 취업하셨나요? 아직 취업처가 없으시다면 잠시 제대군인지원센터로 와주시겠습니까?"라며 전화를 걸어왔다. 난 대수롭지 않게 그러겠다고 응하고 그를 만났다. 그는 나의 향후 진로에 대해 이것저것 물었고 난 아직 학업이 남았으니 당장은 취업 생각이 없다고, 무조건 취업을 서두르는 것보다는 내가 잘하고 원하는 일을 찾고 싶다는 말을 남기고 제대군인지원센터를 나왔다. 그런데 한 달 뒤 집안 분위기를 발칵 뒤집어놓은 사건이 발생했다. 서울에 있는 지인의 초대로 일주일간 서울에 머물다가 집으로 내려갔는데, 아버지의 목소리가 화가 난 듯 떨리고 있었다. 어머니가 자초지종을 설명해주셨다.

"실은 네가 없을 때 제대군인지원센터에서 통지서가 날아왔어. 교육지원 알림이라는 내용인데, 그 교육 내용이 전기배선공 교육이었다. 그걸 보고 아버지가 슬퍼서 우셨단다. 아버지 자신도 나름 그 시대에선 고학력 인텔리이고 아들도 장교 출신에 일본 유학까지 보냈건만, 국가와 군이 자신의 아들에게 전기배선공 교육을 받으라고 통지서를 보냈으니 얼마나 슬프셨겠니. 네가 아버지께 잘해드려라."

난 화가 나서 제대군인지원센터 직원에게 당장 전화를 걸었다.

"내가 언제 취업한다고 했죠? 난 인문학 전공인데 공학에 해당되는 전기배선공 교육을 받으라고 하는 건 내 이야기를 무시하는 것 아닌가요? 난 분명 취업보다 나의 홀로서기를 혼자 준비하겠다고 말했어요. 내 부모님과 나를 두 번 울리는 짓은 집어치워요!"

한쪽에서는 전기배선공이 어떠냐, 직업에 귀천이 있냐고 말하는 사람들도 있었지만, 내가 화가 난 것은 전기배선공이라는 직업교육이 아니라 제대군인지원센터의 태도였다. 난 분명 적성을 찾아보고 싶으니 나를 먼저 알아가고 싶다고 이야기했는데, 내 이야기를 깡그리 무시하고 막무가내로 전공 및 적성과 무관한 교육을 받으러 오라는 통지서를 보낸 것이다. 그리고 내 담당 상담사는 해군 영관 출신의 군 선배였다. 자신의 실적을 위해 후배와 그 가족에게 상처를 준 그가 미웠고 제대군인의 현실이 이렇다고 생각하니 분하고 슬펐다.

문제는 이것으로 끝나지 않았다. 2012년 9월에 잠시 대안학교의 교사로 일한 적이 있었는데, 이번에는 또 다른 상담사가 "문형철 선생님, 취업하셨나요? 정말 좋은 자리가 있어서 소개해드리려고 합니다"라고 전화를 걸어왔다. 난 "취업했습니다. 감사하지만 사양하겠습니다"라고 거절했는데 하루에도 몇 번씩 전화해서 자기 얼굴을 봐서라도 면접만이라도 응해달라며 귀찮게 굴었다. 결국 마지못해 면접을 보기로 했다.

내가 면접을 보기로 한 업체는 이태원에 위치한 꽤 고급스럽고 규모도 큰 정통 이탈리아 레스토랑이었다. 면접은 대표가 직접 봤는데 여성이었지만 군인을 정말로 아끼고 사랑하는 사람이었다. 대표가 내게 말했다.

"제대군인지원센터의 이력서를 보고 제가 부탁했습니다. 저희 레스토랑의 의전 행사와 가게 전반의 업무를 맡는 매니저에 적격이라고 생각했습니다. 어릴 적부터 군인들을 많이 보고 자라서 군인들에게 믿음이 갑니다. 그리고 군인들에게 그에 맞는 대우도 하려고 합니다. 괜찮으시다면 같이 일을 하고 싶습니다."

"죄송합니다. 실은 제대군인지원센터 상담사의 요청으로 찾아뵙긴 했지만, 전 지금 하는 일이 있습니다. 그리고 제겐 너무나 과분한 자리입니다."

내가 솔직하게 털어놓자 대표도 나를 이해하는 듯했다.

"아쉽지만, 솔직히 말해주셔서 감사드립니다. 사실은 저도 제대군인지원센터의 상담자분들이 대부분 실적 올리기 식으로 일을 처리한다고 생각했습니다. 부디 적성과 능력에 맞는 분야에서 성공하시길 기원합니다."

레스토랑을 나가면서 또 한 번 제대군인지원센터가 원망스러웠다. 주소지를 고향에서 서울로 옮긴 후에도 비슷한 일이 끊이지 않았다. 2013년 9월경 서울의 군인지원센터에서 전화가 왔다. 언제나 똑같은 멘트로 "취업하셨어요?"라고 물었다. 당시 난 프리랜서로 일본어 통번역을 하고 있었다. "부업으로 번역 일을 하지만 제대로 된 직장은 없습니다"라고 답변하자마자 무섭게 "그럼, 정말 좋은 교육이 있습니다. 스포츠마케팅과 매니지먼트 일인데 일본에서 유학한 경험을 살리실 수 있습니다. 오후 2시까지 센터로 나와주십시오"라며 취업설명회 자리에 참석해달라고 했다. 당시에는 시간적 여유가 많았기에 속는 셈 치고 나가기로 했다. 그런데 역시 또 속고 말았다.

통닭집 사장님으로 취직시키는 제대군인 교육

약속 시간보다 앞서 1시 40분쯤 제대군인지원센터에 도착했다. 스포츠 마케팅과 매니지먼트 교육 소개라는데 장내에서 대기하고 있는 사람들은 나를 제외하고 모두 40대 후반에서 50대 중반의 장년층들이었다. 뭔가 홀로 어색한 느낌이 들었는데 여자 직원이 다가와 "창업 교육이신가요? 취업 교육이신가요? 구체적으로 어떤 교육설명회를 들으러 오신 건가요?"라고 물으며 방문기록증과 안내서와 신청서 뭉치를 건넸다. 방문기록증은 나의 군 복무 기록과 현재 상태, 담당 상담사 등을 기록하는 것이었는데 한눈에도 실적 근거를 위한 서류라는 게 보였다. 안내 책자들을 보니 창업이라고 쓰고 통닭집으로 읽어야 할 내용들이었다. 요식업 관련 프랜차이즈 창업 안내가 빼곡하게 들어차 있었던 것이다. 자영업이 '자기 스스로 0원이 되는 업'이라는 말처럼, 창업이란 절대로 쉬운 일이 아니건만 세상 물정 모르는 중장년층 군인들을 죄다 통닭집 사장으로 양성하려는 것인가란 생각이 들었다.

성공 사례 강사들은 대부분 고위직 장교 출신들이었고, 내용은 전부 성공한다는 이야기뿐이었다. 난 안내서를 쓰레기통에 쑤셔 넣었다. 2시가 되자 내 담당 상담사는 "스포츠마케팅 매니지먼트 교육은 3시 30분입니다. 그전에 물류관리사 교육설명회가 있는데 그것부터 참석해주십시오"라고 이야기했다. 난 화가 머리끝까지 차올라 "장난합니까? 2시에 교육설명회 있다고 오라고 해놓고선 듣고 싶지도 않은 교육설명회를 들으라고요? 대부분 40, 50대인 저분들과 내가 처한 상황이 다른데 끼워 팔기 식으로 실적을 올리려는 속셈입니까!"라고 고함을 쳤다. 당황한 상담사는 "사람이 너무 적고 젊은 층이 없어서 부탁드립니다. 처음부터 알려드리지 못한 점 죄송합니다"라고 했다.

잠시 후 물류관리사 교육 설명을 담당한 강사는 자신이 예비역 대령이자 현재 수도권의 대학에서 교수로 일하고 있다고 소개했다. 설명회를 들은 후 난 강사에게 교육설명 자료를 집어 던지며 문을 박차고 나왔다.

배부된 자료의 표지엔 구소련군의 의장대가 흐릿하게 인쇄돼 있었는데, 사회주의 국가의 엠블럼이 또렷이 보였다. 내가 이를 문제 삼자

강사는 "멋있지 않습니까? 그래서 표지에 사용했습니다"라고 답변했다. 그리고 이어진 설명회 내용은 어르신들을 모아두고 건강식품을 파는 유랑극단의 수준이었다.

"우리 대학 총장님은 군인을 좋아하십니다. 그래서 이 교육을 국가지원으로 실시합니다. 이 교육 받으면 100퍼센트 취업 보장합니다. 그런데 제대군인들 바쁘시죠? 출석률 신경 쓰지 마세요. 빠져도 다 알아서 됩니다. 그리고 자격증도 대학 내에서 시험 보고, 그렇다 보니 어떻게든 다 땁니다. 좋죠? 정말 좋죠?"

그 강사는 자기 실적을 위해 순진한 후배 군인들을 등쳐먹는 탐욕스런 사기꾼으로밖에 보이지 않았다. 역겨웠다. 그래서 교육장을 박차고 나온 것이었다. 그날 저녁 제대 후 헤드헌터로 잘나가는 군대 동기와 술을 마시면서 이 이야기를 했다. 그 친구는 "어이, 순진한 예비역 장교님. 세상이 그래. 군대 선배가 후배 등쳐먹고 살아. 제대군인지원센터 상담사나 그 강사들, 다 실적 올리는 영업맨들이야. 그 실적으로 인센티브 받고 살아. 전화 몇 통 몇 점, 방문상담 몇 점, 취업성공 몇 점 그런 식으로 돌아가. 그래서 난 그쪽 사람들 믿지 않아. 너 귀국하고 좋은 공부한 거야. 술이나 마시자"라며 술잔을 권했다.

그러고 보니 전에 또 그런 경험을 한 적이 있었다. 2007년 제대를 앞두고 있던 시점에 나를 찾아오는 민간인들이 부쩍 늘었다. 얼굴도 보지도 못했던 사람들인데 내 개인정보를 다 알고 있었다. 알고 보니 같은 출신의 예비역 선배였는데, 현역에 있는 선배들을 통해 제대 예정자들의 개인정보를 넘겨받았던 것이다. 날 찾아온 그 선배는 보험영업을 하고 있었다. 선배는 깔끔한 양복 차림의 젊은 친구들과 함께였는데, 갓 제대한 후배 장교들로 역시 보험영업을 뛰는 영업맨들이었다. 그들은 내게 집요하게 강요했다. 그들의 보험회사로 들어오라고 말이다. 심지어는 유학 시절에는 일본까지 쫓아왔다.

이뿐만이 아니다. 하루는 간부식당에서 점심을 먹고 나서려는데 연대작전장교가 전역 예정 간부는 자리를 뜨지 말고 남으라고 하는 것이었다. 계급이 깡패니 어쩔 수 없이 남았는데 알고 보니 재향군인회 회원 가입과 상조 가입을 유도하는 설명회였다. 나가고 싶어도 나갈 수 없었던 게, 나가려고 하면 소속과 계급 이름을 일일이 체크했기 때문에 부담이 됐다. 결국 그 자리에서 재향군인회 평생회원에 가입하고 상조도 가입했다.

설명한 사람은 고참 예비역 선배였다. 현역 시절 너무나 순진한 나머지 가입서에 사인을 하고 말았지만, 재향군인회 가입은 더 이상 강제로 이행해야 할 의무 사항이 아니었다. 돌이켜보면 군에서 하란 대로 해서는 손해만 보는 현실이다. 이런 연유로 지금도 군의 제대군인 지원정책에 대해서는 날선 비판을 하고 있다.

2015년 1월 하순이었다. 현역으로 근무 중인 동기 녀석으로부터 한 통의 전화를 받았다. 군 생활을 의욕적으로 하면서도 자기 소신껏 근무한 훌륭한 동기였는데 수화기 너머로 들려오는 목소리는 힘없이 떨리고 있었다. "야, 너처럼 진작 전역할걸. 후회가 된다. 14년 근무한 군대에 강한 배신감이 든다. 진급 못 한 것도 서러운데 성의 없는 전직교육을 듣고 자괴감을 느낀다."

그 교육은 국방전직교육원에서 실시하는 '전역예정간부 전직기본교육'이었는데, 국방전직교육원은 설립안이 나올 때부터 제대군인지원센터와 업무가 중복된다는 비난이 있었다. 하지만 현역들에게 개인별 맞춤 취업과 창업을 지원한다며 국방일보와 주요 언론에 선전하면서 2015년 1월 1일 개원했다.

내 군대 동기는 바로 그 국방전직교육원의 교육을 받으러 간 것이다. 아니, 사실은 동원됐다. 동기의 말에 따르면 제대 후에 전직교육비라는 돈을 지급받게 돼 있는데, 갑자기 국방전직교육원의 전직기본교육에 참가하지 않으면 전직교육비를 지원하지 않겠다고 통보를 받았다고 한다. 그래서 찾아간 4박 5일의 교육은 부실하기 짝이 없었다. 참석자 중에 숙박을 신청한 간부의 수보다 부족한 샤워 시설에, 숙박을 하지 않고 통근하는 간부들은 교통비를 자비로 부담해야 했다. 하지만 무엇보다 제대 예정 군인들의 가슴에 대못을 박은 것은 형편없는 교육 내용이었다.

국방일보가 선전했던 개인별 맞춤교육은 육·해·공군의 대위에서 대령까지의 통합교육이었고, 예비역 대령급의 나이 지긋한 선배가 강사로 나오는 선배와의 대화는 안보교육 수준이었다. 그리고 이어진 각 군 소개 교육은 취업과 전혀 무관한 내용이었다. 교육의 요지는 제대 후 취업은 인맥이 관건이다, 인맥만이 살길이니 인맥을 갖추라는 것이었다. 동기는 내게 "군피아 만들지 말라고 하더니만, 자기들이 군피아를 만드는 것 같지 않냐?"라는 말을 남겼다.

도대체 군에서 고생하고 군문을 떠나는 군인들에게 군대가 해주는 게 무엇일까라는 생각이 들었다. 이런 하나 마나 한 정책과 교육은 내가 전역했을 때부터 지금까지도 아무런 변화 없이 이어지고 있다. 내 머릿속에는 일본에서 남자를 상대로 몸을 파는 예비역 간부들과 제대 후 자살을 선택했던 군대 동기들이 스쳐 지나갔다.

성공한 군인들에겐 '자아'가 있었다

엉성한 제대군인지원정책은 간부들만의 문제는 아니다. 간부들에 대한 대우가 형편없다면, 병들에 대한 지원은 전무하다고 봐야 한다. 단지 병 출신들은 복학할 학교가 있고 짧은 복무 기간과 나이가 어리다는 차이가 있을 뿐이다. 군대가 말하는 제대군인지원정책을 그대로 믿고 따라서는 안 된다.

군은 돈 안 들이고 '에헴' 하려는 생색내기에만 급급하다. 최근 군 생활 경력을 인정하고 가산점을 부여하는 방안이 대두되고 있지만, 이것도 속을 들여다보면 군 복무에 대한 정당한 보상이라기보다는 사회에 책임을 넘기고 군이 노력한다는 인식을 주기 위한 허세에 불과하다.

내가 일본 유학을 떠났던 2008년 당시 일본의 해외노동력 유입 정책과 한류 붐으로 전역 간부들이 일본으로 해외 취업을 간 경우가 많았다. 한국인과 일본인이 서로의 문화를 알리는 한일교류회에서 간부 출신 회사원을 심심찮게 만날 수 있었다. 하지만 엔고와 함께 다시 찾아온 불황으로 일본 내 외국인 노동자들은 일자리를 잃고 방황했다. 2012년 1월 내가 일하던 식당을 자주 찾던 한국인 청년들이 강제추방을 당한 사건은 충격이었다. 그들이 강제추방을 당했던 이유는 풍속업법 위반과 불법노동이었는데, 이들은 장교와 부사관 출신이었다. 그중에는 결혼까지 한 사람도 있었다. 사정에 밝은 식당 동료가 이야기해 준 내용은 이랬다.

"모두 전역간부 출신에 대한 해외취업지원 교육을 받고 일본 IT 기업에 취업했는데, 한국에서 6개월간 간단한 일본어와 IT 관련 직무 교육을 받고 취업했죠. 하지만 6개월이란 교육 기간은 일본어와 일본 문화, 그리고 일본 특유의 기업 문화를 이해하기에는 너무 짧았어요. 결국 일본 회사에서 적응하지 못해 방황하던 중 일본 남성을 상대로 유사성행위를 하는 풍속업에 몸을 담았죠. 비자가 남았지만 일정 기간 내에 정상적인 일자리를 찾지 못하면 한국으로 돌아가야 하는 상황에서 허위로 취업비자를 연장했고, 돈을 쉽게 번다는 유혹을 이기지 못하고 해서는 안 되는 일을 한 거죠."

물론 일본에 진출한 일부 전역간부들의 이야기지만, 도덕성과 윤리의식을 따지는 간부가 돈의 유혹에 넘어가 하지 말아야 할 위법 행위를 하면서 생계를 연명했다는 건 실로 큰 충격이었다. 돈이라면 무엇이든 된다는 물질만능과 배금주의에 간부 출신이 현혹된다는 건 당시 나로서는 상상할 수 없는 일이었다.

하지만 전역 후의 유혹은 이들만의 이야기는 아니다. 나와 같이 교육을 받고 임관했던 군대 동기생도 이들처럼 사회의 잘못된 유혹에 빠져 자살이라는 길을 택했다. 2012년 가을쯤이었던 것 같다. 제대 후에 아내와 함께 유치원을 운영하는 동기로부터 충격적인 이야기를 접했다.

"너, ○○○ 알지? 네가 자살했다고 해서 내가 좀 알아봤는데 말이야. 녀석, 넘지 말아야 할 선을 넘었던 것 같아. 회사 돈을 직장 상사와 함께 횡령했나봐. 나도 ○○○이랑 같은 제약회사에서 영업을 뛰어봐서 아는데, 약간씩은 다들 편법적인 영업을 하거든. 그런데 그 녀석 제대하고 좀 이상하게 바뀌었어. 영업 성적에 아주 목을 매는 괴물이 됐지. 주변에서 걱정하는 사람도 많았어. 난 그게 싫어서 회사를 떴는데 녀석은 더 심해졌나봐. 사회가 무섭다. 돈이 뭐라고 사람이 그렇게 무너질까? 좋은 녀석이었는데…….그럼 장례식장에서 만나자."

영업 실적을 올리기 위한 편법 행위와 그로 인한 압박감 때문에 그 친구는 결국 스스로 목숨까지 끊었다. 물론 책임은 편법 행위를 했던 그에게 있다. 하지만 제대 전에 제대로 된 교육을 받고 올바른 선배를 만났다면 저렇게까지 됐을까라는 생각이 들었다. 간부뿐만 아니라 모든 전역군인은 사회에 대한 충분한 준비를 하지 못하고 교육받지 못한 채 사회로 떠밀려 나온다. 물론 그렇게 나오는 모두가 나쁜 길을 선택하거나 암울한 결과를 맞이하진 않는다. 개인의 의지와 선택의 문제다. 반대로 군의 경험을 가지고 엄청나게 성공한 경우도 많다.

요즘 방송계를 강타하는 요리방송, 일명 '쿡방'에서 '백주부'로 불리는 백종원 씨는 전문적으로 요리를 전공하거나 배운 사람이 아니다. 그는 연세대학교에서 사회복지학을 전공했다. 그런 그가 어떻게 요리 업계에서 각광받는 인물이 됐을까? 백종원 씨는 예전에 모 방송국 인터뷰에서 자신의 요리 사랑과 요식업에 뛰어든 계기에 대해 이렇게 말했다.

"대학 시절 MT를 가면 새우깡에 소주가 고작인 음주 문화가 싫었어요. 뭔가 맛있는 MT 문화를 즐기고 싶어서 요리에 관심이 가기 시작했죠. 모두가 쉽고 즐겁게 즐길 수 있다면 그처럼 좋은 건 없다고 생각했어요. 그리고 대학을 졸업하고 학사장교를 지원해 포병장교로 임관했죠. 당시 복무한 부대의 독신간부숙소에는 간부식당이 있었는데 그냥 지나칠 수 없었어요. 더 맛있는 요리를 만들어 먹고 싶다는 생각에 업무 외 시간에 자주 간부식당에 들러 취사병들과 조리를 하기 시작했죠. 원래 식당 관련 관리 업무는 부사관의 역할이고 보수적인 지휘관들의 눈에 장교가 식당 출입을 하는 건 곱게 여겨지지 않던 시절이었어요. 그러던 어느 날 내가 식당에서 조리를 하는 모습을 지휘관이 보게 됐고 혼이 났지만, 굽히지 않고 취사장에서 취사병들과 조리를 계속했고 때론 색다른 메뉴를 선보이기도 했어요. 결국 지휘관은 독특한 장교를 봤다는 식으로 내 개성을 인정해줬죠. 군에서의 이런 경험이 큰 힘이 됐어요."

백종원 씨가 운영하는 브랜드는 고가의 고급 요리가 아니다. 서민들이 즐겨 먹고 좋아하는 그런 요리다. 방송에서도 백종원 씨의 레시피는 요리 초보도 쉽게 따라 할 만큼 서민적이고 기교가 없다. 그가 생각한 '쉽게 많은 사람이 즐겁게 먹는 요리 문화'라는 이상을 실현한 것이다. 그의 성공 비결은 군에서 자신이 생각하는 것을 시도했던 용기 있는 경험에 있다. 그 속에 백종원 씨만의 '자아'가 있었던 것이다.

간부였던 백종원 씨 외에 내가 취재한 부대에서 만났던 장병들 중 장래 자신의 진로에 대해 진지하고 깊게 생각하는 이들을 만날 수 있었다. 그중 가장 기억이 남았던 두 전우의 이야기를 할까 한다. 2013년 2월 영화 〈레미제라블〉을 패러디한 〈레밀리터리블〉이란 UCC(동영상)를 제작해 국내외에서 뜨거운 호응을 받았던 공군 공감팀의 K 병장은 연극이나 영상 관련 학과의 전공자가 아니었다. 단지 동영상 제작에 관심이 많아 공감팀에 지원한 평범한 공군 병이었다. 그는 인터뷰에서 이렇게 말했다.

"전 운이 좋습니다. 군에서 자신의 뜻이 존중되고 창의적인 의사를 자유롭게 펼칠 수 있는 곳에서 근무하게 됐기 때문입니다. 물론 이곳의 근무도 편한 것만은 아닙니다. 야전부대에 비해 육체적으로 편하지만 저희들만이 느끼는 정신적인 어려움도 있습니다. 하지만 제가 가장 행운이라고 생각하는 건 군 복무를 통해 제가 무엇을 해야 하고 어떤 일을 하고 싶어 하는지 알게 됐기 때문입니다. 제대 후에 영상 제작이나 시나리오를 쓰는 작가가 되려고 합니다."

제3식품검사대에서 만난 C 상병은 "식품검사대에서 화학검사로 식품의 안전을 검사하는 일을 하다가 알게 된 일이지만, 저처럼 화공학을 전공하고 군무원으로 근무하는 분들이 의외로 많다는 것을 알게 됐습니다. 여기 계신 군무원들이 저처럼 군 생활에서 전공과 연관된 업무를 하진 않으셨지만, 전 전공과 맞는 일을 하고 있고 앞으로도 그럴 것입니다. 전역 후 군에서 화학검사를 하는 군무원이 되는 것을 목표로 삼았습니다. 저의 적성과 능력을 충분히 발휘할 진로를 전 이미 군에서 정했습니다"라며 명확한 진로를 밝혔다.

그 외에도 비슷한 인터뷰는 많지만 이 정도로만 언급하겠다. 글을 읽는 독자들 중 일부는 거짓으로 꾸민 것 같다거나 특정 보직에 제한된 사례일 거라고 이야기할지 모른다. 하지만 일반 소총부대에서도 자신의 자아를 알고 정진해나가는 장병들이 많다. 얼마 전에 만났던 부하 L도 그런 친구다. 본부중대장 시절 보급계원이었던 L은 원래 전공이 영화 관련 학과였다. 보급계였지만 틈틈이 생각 노트를 만들어 시나리오를 쓰곤 했다. 그는 지금 영화 조감독으로 활동 중이며 자신의 영화를 준비하고 있다.

군대는 제대하는 여러분들의 앞길에 절대로 레드 카펫을 깔아주지 않는다. 레드 카펫은 자신이 깔아야 한다. 군대에서 험하고 굴곡진 길을 걸으며 느끼고 배운 경험과 자기가 누구인지에 대한 성찰이야말로 스스로 까는 레드 카펫이 된다. 이것을 기억한다면 출세를 하거나 돈을 많이 버는 성공은 아니더라도 자기 자신을 사랑하는 성공한 삶을 살 수 있을 것이라고 생각한다.

책을 쓴다는 건 아무나 할 일이 아니란 것을 느끼며 후기를 남긴다. 처음에 책을 내려고 했을 땐 의욕적이다 못해 전투적이었다. 하지만 초반에 구상했던 것과 달리 써내려가면서 기억들과 정보가 서로 뒤엉키고, 무엇을 이야기해야 할지 잊어버린 것은 아닌가 하는 생각이 뒤늦게 든다.

6년간의 군 복무와 4년간의 일본 유학, 2년의 기자 생활을 통해 보고 듣고 느낀 점을 앞으로 입대할 후배들에게 잘 전달해 실패한 군 복무, 실패한 사회생활이 되지 않도록 돕고 싶어서 이 책을 쓰기로 결심했다. 때론 군에 대한 긍정적 측면을 이야기하기도 하고 때론 부정적 측면을 비판하기도 해서 독자들은 "도대체 군대가 뭐야?", "필자가 뭘 말하려고 하는 거야?"라는 의문이 들었을지도 모른다.

군 생활을 20년, 30년 이상 성실하고 묵묵하게 복무해온 선배들처럼 군을 오랫동안 경험하지 못한 내가 감히 '군대가 이렇다'라고 단정 짓는 건 상당히 건방진 일일 것이다. 하지만 말단에서 군 생활을 했고 아직은 순수한 시각으로 군대를 바라보고 있다고 스스로를 평가한다면, 그런 내 눈에 군대는 긍정과 부정이 혼재하는 혼돈의 집단이다. 무조건 나쁜 군대, 무조건 훌륭한 군대는 역사상 지금까지 존재한 적이 없다.

인류의 발전과 함께 군대도 발전해왔다. 그 결과 양차 대전을 일으켰던 독일은 과거 군의 비민주적이고 폭력적인 모습에 대한 반성으로 '제복 입은 민주시민'이라는 개념을 군의 기본으로 삼고 건강한 군대 만들기에 힘썼다. 1차 세계대전 전까지 북미 대륙에서 독립적인 행보를 걸었던 미국군은 양차 대전의 승리와 베트남전, 근래의 이라크, 아프칸 전투 경험을 바탕으로 가장 잘 싸울 수 있는 군대를 만들어왔다. 이들은 자국의 군대 개념을 만들어나가면서 전투에 참전하는 군인들의 대우와 처우를 가장 중요하게 여기고 개선해왔다는 특징을 지닌다.

하지만 내가 경험하고 생각하고 느낀 내 조국, 대한민국의 군대는 '제복 입은 민주시민'도 '잘 싸우는 군대'도 만들지 못한 채 파벌과 정치가 지배하는 형식적이고 행정적인 군대를 만들어온 것은 아닌가라는 생각이 들었다. 말단에서 묵묵히 성실하게 복무하는 장병들은 뒷전으로 밀려나고 파벌과 밥그릇 싸움을 하는 군인들만이 목소리를 내는 군대가 돼버렸다는 생각을 떨쳐버릴 수 없었다. 난 평화를 사랑한다.

가능하다면 군대가 없는 사회가 훌륭한 사회라고 생각하지만, 이것은 어디까지나 이상일 뿐이다.

세계 각국은 경제와 정치외교적인 자국의 힘을 유지하고 때론 강화하려고 한다. 그리고 그 힘을 실천하는 수단은 군대다. 그런 이유로 군대는 국가가 사라지고 인류가 사라지지 않는 한 계속 살아남을 것이다. 그런 군대라면, 군대라는 조직을 안전하고 신뢰가 가는 집단으로 만들고 유지해야 한다. 안전하고 신뢰가 가는 군대는 사회 어느 집단보다 강한 책임감과 협동심, 그리고 사람을 사랑하는 집단이 돼야 한다. 난 그런 군대를 사랑하고 원한다. 하지만 그것은 그리 쉬운 일이 아니다.

대한민국의 경제력과 사회의식 수준은 이미 개발도상국을 넘어 선진국으로 진입했다고 해도 과언이 아니다. 그렇다면 군도 그렇게 발전하는 게 당연한데, 사회의 변화에 비해 우리 군의 변화는 너무나 느리다. 국민들의 군에 대한 시각도 극단적으로 부정적이거나 극단적으로 긍정적인 것 같다. 이렇게 어정쩡한 우리 군의 상태에서 가장 고통 받는 이들은 20~30대의 청년들이다.

개인적으로 군대를 너무나 사랑했기에 군 간부의 길을 선택했다. 하지만 뒤돌아 생각하면 나는 내 또래나 후배들에게 아픔을 주는 사람이었고 한편으로는 일부 몰지각한 선배 군인들로부터 상처를 입은 사람이기도 했다. 내 아픔과 실패를 후배, 나아가 내 자손들에게 넘겨주고 싶지 않다. 후배들과 자손들에게는 내가 사랑하고 갈망하는 이상적인 군대를 남겨주고 싶다.

　말단의 예비역 군 간부이자 무명의 기자인 내가 그렇게 큰 소망을 실현하는 것은 불가능한 일일지 모른다. 하지만 '티끌 모아 태산'이라는 말처럼 나의 경험과 생각을 더 많은 이들을 위해 나누고 공유하고 싶다. 당장 내가 쓴 글이 여러분에게 직접적인 지침서가 될 수 없을지도 모른다. 하지만 난 믿는다. 이 책을 읽은 여러 사람들이 자기만의 해석으로 또 다른 지침과 조언을 만들어낼 것이라고 말이다. 다양하게 변형되고 발전된 개인의 지침과 지혜들은 언젠가 군대와 사회를 바꿀 큰 힘으로 성장할 것이다.

　군대에서 이렇게 하면 된다, 이렇게 하면 안 된다는 답은 없다. 하지만 여러분에게 꼭 이야기하고 싶은 것은 군에서 살아남고 그 경험을 바탕으로 사회에서 살아남기를 원한다면, 남들처럼 틀에 찍어내는 기성품이 되지 말고 자신을 알고 가치와 개성이 있는 특산품이 돼야 한다는 것이다. 자아를 잃으면 군대에서든 사회에서든 살아남기 힘들다. 자신이 누군지, 앞으로 어떻게 살아야 할지를 알고 독립된 존재로 살아가주길 바란다.

　마지막으로 대한민국에서 군인이란 이름으로 묵묵히 자신의 소임을 다하는 군인들과, 타협하지 않고 군과 사회에서 후배들을 위해 노력하는 선배 군인들에게 감사하다는 말을 전하고 싶다.

군대를 꼭 가아만 한다면

초판 1쇄 펴낸 날 | 2016년 2월 19일

지은이 | 문형철
펴낸이 | 홍정우
펴낸곳 | 브레인스토어

책임편집 | 김순영
디자인 | 이지민
일러스트 | 문형철
마케팅 | 한대혁, 정다운

주소 | (121-894) 서울특별시 마포구 양화로 7안길 31(서교동, 1층)
전화 | (02)3275-2915~7
팩스 | (02)3275-2918
이메일 | brainstore@chol.com
페이스북 | http://www.facebook.com/brainstorebooks

등록 | 2007년 11월 30일(제313-2007-000238호)

© 문형철, 2016
ISBN 978-89-94194-80-6 (03190)